Etapas

Libro del alumno

Etapa 12
Proyectos

Nivel

B2.3

© Editorial Edinumen, 2012.
© **Equipo Entinema:** Sonia Eusebio Hermira, Anabel de Dios Martín, Berta Sarralde Vizuete, Beatriz Coca del Bosque, Elena Herrero Sanz, Macarena Sagredo Jerónimo. Coordinación: Sonia Eusebio Hermira.
© **Autoras de este material:** Anabel de Dios Martín, Sonia Eusebio Hermira y Berta Sarralde Vizuete.

Coordinación editorial:
Mar Menéndez

Edición:
David Isa

Diseño de cubierta:
Carlos Casado

Diseño y maquetación:
Carlos Casado y Juanjo López

Ilustraciones:
Carlos Casado

Impresión:
Gráficas Glodami. Coslada
(Madrid)

Fotografías:
Archivo Edinumen.

Editorial Edinumen
José Celestino Mutis, 4.
28028 Madrid
Teléfono: 91 308 51 42
Fax: 91 319 93 09
e-mail: edinumen@edinumen.es
www.edinumen.es

ISBN: 978-84-9848-351-2

Dep. Legal: M-24076-2012

Instituto Cervantes

Este método se adecua a los fines del *Plan Curricular* del Instituto Cervantes
La marca del Instituto Cervantes y su logotipo son propiedad exclusiva del Instituto Cervantes

Edi
numen

Introducción

Etapas es un curso de español cuya característica principal es su distribución **modular** y **flexible**. Basándose en un enfoque orientado a la acción, las unidades didácticas se organizan en torno a un objetivo o tema que dota de contexto a las tareas que en cada una de ellas se proponen.

Los contenidos de **Etapas** están organizados para implementarse en un curso de 20 a 40 horas lectivas según el número de actividades opcionales, actividades extras y material complementario que se desee utilizar en el aula.

Extensión digital de **Etapa 12**: consulta nuestra **ELEteca**, en la que puedes encontrar, con descarga gratuita, materiales que complementan este curso.

La Extensión digital **para el alumno** contiene los siguientes materiales:

- Prácticas interactivas
- Claves y transcripciones del libro de ejercicios
- Resumen lingüístico-gramatical

La Extensión digital para el **profesor** contiene los siguientes materiales:

- Libro digital del profesor: introducción, guía del profesor, claves, fichas fotocopiables, transparencias...
- Fichas de cultura hispanoamericana
- Resumen lingüístico-gramatical

Recursos del alumno:

Código de acceso

98483512
www.edinumen.es/eleteca

Recursos del profesor:

Código de acceso

Localiza el código de acceso en el
Libro del profesor

Descripción de los iconos

 → Actividad de interacción oral.

 → Actividad de reflexión lingüística.

 → Actividad de producción escrita.

 → Comprensión auditiva. El número indica el número de pista.

 → Comprensión lectora.

 → Actividad opcional.

Índice de contenidos

Unidad I

Dime qué prefieres

Tareas:
- Analizar la personalidad según preferencia de colores, música y redes sociales.
- Participar como testigo en la reconstrucción de un accidente.
- Diseñar un anuncio para una campaña publicitaria.
- Hacer comentarios en muros de Facebook.
- Completar un diario de aprendizaje.

Contenidos funcionales:
- Describir accidentes.
- Expresar hipótesis imposibles.
- Hacer lamentaciones y reproches.
- Expresar condiciones.

Contenidos lingüísticos:
- Nexos temporales en pasado (*justo cuando, ya...*).
- Contraste *iba a* + infinitivo/*estar* + gerundio/ pluscuamperfecto de indicativo.
- *Uf, menos mal que...*/*Uf, qué bien...*
- Tercera condicional.
- *Si llego a saber que...*/*Si sé que...*/*De haber* + participio.
- Pluscuamperfecto de subjuntivo.
- *(No) deberías haber* + participio.
- Nexos condicionales.

Contenidos léxicos:
- Coches y conducción.
- Accidentes de coche.
- Combinaciones léxicas: verbo + sustantivo/adjetivo.
- Música.

Contenidos culturales:
- Música.
- Redes sociales.
- Normas de circulación.

I. Dime qué eliges y te diré cómo eres

I.I. Elige una opción en cada situación y compártela con tus compañeros.

[1] Dime qué color de coche tienes y te diré cómo conduces.

[2] Dime qué estilo de música escuchas y te diré qué personalidad tienes.

| blues | clásica | rock | flamenco | rap |
| discotequera (dance) | jazz | ópera | pop | salsa | soul |

[3] Dime qué red social usas y te diré qué buscas en internet.

facebook   twitter   tuenti   vimeo   flickr   YouTube   LinkedIn

Ej. Pues yo tengo un coche azul. Me gustan casi todos los estilos de música, pero el que más escucho es el pop, y en cuanto a las redes sociales, uso sobre todo Facebook y Twitter.

1.1.1. Para saber cómo eres, dividid la clase en tres grupos y leed la información correspondiente que os va a dar vuestro profesor.

1.1.2. Redistribuid la clase en tríos de manera que en cada uno haya información diferente para compartirla. ¿Estás de acuerdo con lo que dice?

1.2. Lee la información sobre coches y colores de la actividad anterior y fíjate en los adverbios terminados en –*mente* para completar este cuadro.

Los adverbios terminados en -*mente*

1. Expresan necesidad y obligación. ...., ..., *inevitablemente* ...... **2.** Ofrecen una valoración o un juicio subjetivo por parte del hablante. ...., ..., ..., *desgraciadamente*	Añaden información, con lo que su posición va entre pausas, que en la lengua escrita puede reflejarse al ponerse entre comas.
3. Juzgan o evalúan la actuación de la persona de la que se habla. ...., ..., ..., *generosamente*	Normalmente van detrás del verbo.

1.2.1. Hay también adverbios en –*mente* que añaden información al verbo y que por sí mismos es difícil saber qué significan. Vamos a hacer una prueba. Lee los siguientes adverbios e intenta escribir una definición. Trabaja con tu compañero.

[1] mortalmente ▶ ....
[2] categóricamente ▶ ....
[3] firmemente ▶ ....
[4] ardientemente ▶ ....
[5] perdidamente ▶ ....
[6] celosamente ▶ ....
[7] puntualmente ▶ ....
[8] desconsoladamente ▶ ....
[9] copiosamente ▶ ....
[10] rotundamente ▶ ....
[11] religiosamente ▶ ....
[12] olímpicamente ▶ ....
[13] terminantemente ▶ ....
[14] enérgicamente ▶ ....
[15] positivamente ▶ ....
[16] efusivamente ▶ ....

1.2.2. Mira ahora los verbos con los que normalmente se combinan. ¿Te resulta más fácil descubrir el significado que aportan? Habla con tu compañero.

[1] **aburrirse** mortalmente
[2] **afirmar** categóricamente
[3] **creer** firmemente (en)
[4] **desear** ardientemente
[5] **enamorarse** perdidamente (de)
[6] **guardar** celosamente (un secreto)

[7] **informar** puntualmente
[8] **llorar** desconsoladamente
[9] **llover** copiosamente
[10] **negar** rotundamente
[11] **pagar** religiosamente
[12] **pasar** olímpicamente (de)

[13] **prohibir** terminantemente
[14] **protestar** enérgicamente
[15] **saber** positivamente
[16] **saludar** efusivamente

1.2.3. 🖊️ **Dividid la clase en grupos y elegid 4 o 5 combinaciones. Imaginad una situación y escribid una frase, un pequeño diálogo, texto, etc. con cada una de ellas. Mirad el ejemplo.**

Ej. Un cliente al director del banco:

▶ Le ruego encarecidamente que sea comprensivo, ya que hasta el día de hoy he pagado todos los recibos religiosamente.

2 Dime qué coche...

2.1. 🧍 **¿Te gustan los coches? ¿Qué sabes de ellos? Mira las siguientes imágenes, lee la definición de los verbos que tienes debajo y combínalos con su palabra.**

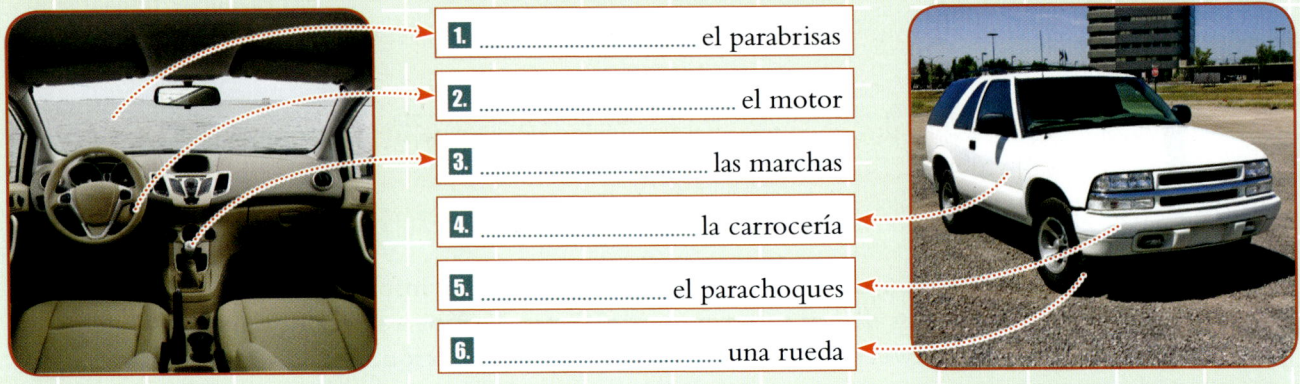

1.	.... el parabrisas
2.	.... el motor
3.	.... las marchas
4.	.... la carrocería
5.	.... el parachoques
6.	.... una rueda

- **Pinchar(se):** hacer un agujero o una raja a una superficie.
- **Arrancar:** poner en funcionamiento.
- **Encender:** iniciar la combustión.
- **Meter/poner:** colocar.

- **Rozar(se):** tocar ligeramente una superficie.
- **Hacerse añicos:** romperse en trozos muy pequeños.
- **Abollar(se):** producirse una depresión en una superficie con un golpe.
- **Arañarse:** hacerse una raya en una superficie.

2.1.1. 📖 **¿Qué otras palabras sabes relacionadas con los automóviles? Subráyalas.**

> los faros ▪ los intermitentes ▪ el volante ▪ maniobras ▪ el capó ▪ el freno
> el embrague ▪ el retrovisor ▪ el limpiaparabrisas ▪ la matrícula ▪ la rotonda
> un bache ▪ el peaje ▪ el motor ▪ las marchas ▪ un adelantamiento

2.1.2. 🧍 **Explica a tus compañeros las palabras que sabes y escucha la explicación de las que no conoces.**

2.1.3. 🖊️ **Mira los siguientes verbos: ¿con qué palabras de las anteriores los puedes utilizar? Escríbelas en los espacios en blanco.**

[1] Girar ▶ ....
[2] Meter ▶ ....
[3] Hacer ▶ ....
[4] Pisar ▶ ....
[5] Pagar ▶ ....
[6] Encender/apagar
Poner/quitar: ▶ ....

[7] Abrir/cerrar ▶ ....
[8] Arrancar ▶ ....
[9] Hacer ▶ ....
[10] Mirar por ▶ ....
[11] Poner/quitar ▶ ....
[12] Dar ▶ ....
[13] Pasar/pisar ▶ ....

Unidad I

2.1.4.  Para practicar el vocabulario anterior, te proponemos jugar al *Pictionary*. Tu profesor tiene las instrucciones.

2.2. ¿Cuál es el medio de transporte que provoca más impactos? Habla con tus compañeros y argumenta tus respuestas.

Ej. *El coche es, naturalmente, el medio que más contamina.*

IMPACTOS

1. Contaminación del aire.
2. Consumo de espacio.
3. Accidentalidad.
4. Congestión.
5. Ruido.

2.2.1. Escucha la siguiente información y comprueba tu respuesta anterior.

2.2.2. Vuelve a escuchar y toma nota de los datos que utiliza *Ecologistas en acción* para argumentar sus respuestas.

2.3. Mira la siguiente imagen. Estudia los datos que te damos y habla con tu compañero: ¿qué va a pasar?

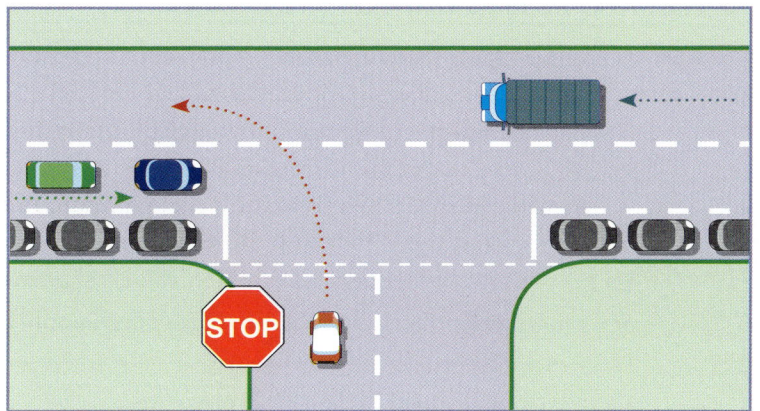

¿Quién es el culpable?

✓ El Corsa está aparcado en doble fila.
✓ El conductor del Corsa está ayudando a una amiga que lleva muletas.
✓ Los frenos del camión no funcionan.
✓ El Mini se ha saltado el stop.

Escort   Corsa   Mini   Camión

2.3.1. Lee las expresiones extraídas de las declaraciones de los implicados y, con la información anterior, intenta reconstruir la historia. Habla con tu compañero.

- Hacer unos recados.
- Dar un frenazo.
- Ir un poco deprisa.
- Ya había llegado al cruce.
- Pasar a toda velocidad.
- Dar un volantazo.
- Girar bruscamente.
- Chocar con un camión.
- No dejar ver nada.
- Esquivar el coche.
- Ir por su carril.

Etapa 12. Nivel B2.3

2.3.2. 🗨 Poned en común vuestras versiones.

2.3.3. 🔊 Escucha y comprueba. ¿Quién se ha acercado más a la historia original?

2.3.4. 🗨 ¿Se podía haber evitado el accidente anterior? ¿Cómo? Lee los siguientes extractos de algunas opiniones y completa los que faltan.

Reconstrucción de accidentes. Algunos testigos dicen:

1. ...porque si el Corsa no **hubiera aparcado** en doble fila, el Mini **habría podido** ver que venía otro coche...

2. ...pero si el Mini **hubiera hecho** el stop con más calma, **hubiera visto** que venía otro coche...

3. ...también, si el Escort no **hubiera ido** tan deprisa, ... a tiempo...

4. ...si los frenos del camión ...., **habría podido** evitar el accidente.

5. ...ya, y si la amiga de la conductora del Corsa no **se hubiera hecho** un esguince, no **llevaría** muletas y no

6. .... en doble fila y... ...claro y si el conductor del Escort no .... con los compañeros, no **habría tenido** tanta prisa por llegar a casa...

7. Si Kart Benz no .... el primer coche, ahora ninguno de los conductores **estaría** en comisaría prestando declaración.

8. ....

9. ....

2.3.5. 📖 Vuelve a leer las frases anteriores para completar el cuadro.

Hipótesis en el pasado (tercera condicional)

- Para expresar hipótesis en el pasado, y por tanto imposibles de realizarse, podemos usar las siguientes estructuras:
  - *Si* + pluscuamperfecto de subjuntivo, (a) pluscuamperfecto de subjuntivo.
    Ej.: ....
  - *Si* + pluscuamperfecto de subjuntivo, (b) condicional perfecto o compuesto.
    Ej.: ....

  En (a) y (b) las consecuencias también son en el pasado.

  - *Si* + pluscuamperfecto de subjuntivo, (c) condicional imperfecto o simple.
    Ej.: ....

  En (c) las consecuencias son en el presente.

	Pluscuamperfecto de subjuntivo		Condicional perfecto o compuesto	
(Yo)	hubiera/se		habría	
(Tú)	hubieras/ses		habrías	
(Él/ella/usted)	hubiera/se		habría	
(Nosotros/as)	hubiéramos/semos	+ participio	habríamos	+ participio
(Vosotros/as)	hubierais/seis		habríais	
(Ellos/ellas/ustedes)	hubieran/sen		habrían	

2.3.6.  La estructura que acabas de ver es una de las formas que se usan para hacer reproches o lamentaciones. Lee las siguientes declaraciones, fíjate en las dos opciones y transforma cinco frases de la actividad 2.3.4. en un reproche o una lamentación, siguiendo los ejemplos. Trabaja con tu compañero.

Hacer reproches (reprochar)	**Hacer lamentaciones (lamentarse)**
Conductor del Mini le dice al conductor del Corsa:	**Conductor del Corsa dice:**
[1] Si tú no hubieras aparcado en doble fila, yo no habría tenido que salir hasta la mitad para poder ver si venía alguien.	[1] Ay, si yo no hubiera aparcado en doble fila, el conductor del Mini no habrá salido del cruce sin mirar.
– No deberías haber aparcado en doble fila.	– No debería haber aparcado en doble fila.
....	....
....	....
....	

Fíjate:

- Para hacer reproches podemos usar: *(No) deberías + haber + participio.*
- Para hacer lamentaciones, podemos usar: *(No) debería + haber + participio.*

2.4. 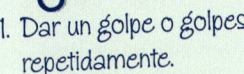 En el siguiente texto los verbos que hemos ocultado son fáciles de recuperar porque se trata de combinaciones (verbo + sustantivo/adjetivo) muy frecuentes. Léelo y trata de completarlo. Para ayudarte, te damos la primera letra y la definición del significado literal de cada verbo.

1. Dar un golpe o golpes repetidamente.
2. Estar, detenerse forzosa o voluntariamente en un lugar. Permanecer.
3. Recorrer con la mente lo que se ha estudiado o recapacitar las ideas que se tienen en la memoria.
4. Expresa el inicio de un cambio de estado.
5. Encenderse.

Ya en la calle, el frío me (1) g_____ la cara sin piedad. Con la mente en blanco, con mi vida en blanco, recorrí metros y metros en línea recta. Llegué al final de la acera y me (2) q_____ estúpidamente mirando hacia ningún lugar. Con los kilos de prisas a cuestas, no fui capaz de recordar dónde había aparcado el coche el día anterior. Inmóvil, con Carlitos en brazos –al menos seguía durmiendo–, (3) r_____ mentalmente los movimientos pasados. Siempre aparcaba en la misma zona, por las mismas calles, de noche y solo. Él comenzaba a pesar y yo a (4) p_____ nervioso. Decidí ir en direcciones aleatorias. De pares a impares, de esquina a esquina, sobrevolando con la mirada cada uno de los vehículos aparcados. (…)

Me concentré y, finalmente, un pequeño detalle me (5) i_____ la mente: el día anterior, cuando aparqué el coche, lo dejé tan cerca de un paso de cebra que pensé que me podrían multar. Pensé en el paso de cebra, en la esquina, en la calle…

El bolígrafo de gel verde, Eloy Moreno.

2.4.1. ¿Te ha pasado algo similar alguna vez? Cuéntaselo a tus compañeros.

2.5. ¿Qué infracciones se están cometiendo en estos párrafos extraídos del libro de Eloy Moreno, *El bolígrafo de gel verde*?

A "Arranqué para dirigirme a casa de mis padres. El tráfico de todos los que llegábamos tarde era insoportable. Aparqué en doble fila. Tardé un buen rato –las prisas siempre ayudan al retraso– en desabrochar la maldita silla".

B "El garaje de la empresa estaba a unos diez minutos, pero en un edificio aparte. Me salté dos semáforos con el verde ya esfumado; obvié a unas señoras que estaban a punto de cruzar por un paso de cebra; hice sonar el claxon varias veces a un *gilipollas* que se había quedado parado en plena calle, me asomó su dedo por la ventanilla y estuve tentado de empotrarle en el coche".

C "Por fin, bajé la rampa del garaje, busqué mi plaza y lo aparqué invadiendo parte del sitio de mi compañero".

2.5.1. En la vida de las ciudades españolas se comenta que este tipo de conducción es muy frecuente. ¿Estás de acuerdo? ¿Y en tu país? ¿Qué tipo de multas son las más frecuentes? ¿Existe el llamado carné por puntos?

3 Dime qué música escuchas...

3.1. Mira las dos imágenes y contesta a las preguntas que tienes debajo de cada una. Habla con tus compañeros.

¿Te comprarías este coche? ¿Sabes por qué se llama *Clio iPod*? ¿Para qué tipo de gente crees que va destinado?

¿Reconoces estas imágenes? ¿Por qué crees que utilizan una manzana?

3.1.1. ¿Sabes qué tienen en común las dos imágenes anteriores? Mira la respuesta: ¿es lo que habías imaginado? ¿A qué "curiosa combinación" se refiere el texto?

Es el título de una original campaña publicitaria en la que Renault y Apple unen sus fuerzas para ofrecernos una curiosa combinación.

PARA ESOS DÍAS: 7500 CANCIONES PARA 7500 ESTADOS DE ÁNIMO

3.1.2. Lee la descripción de tres anuncios de la campaña anterior: ¿conoces las canciones? Habla con tus compañeros.

Título del anuncio: Para esos días que estás enamorado.
Nombre del tema: "Say you, say me".
Cantante: Lionel Richie.   **Año:** 1985.
Álbum: *Dancig on the Ceiling.*

Título del anuncio: Para ese día que estás sensible.
Nombre del tema: "If you leave me now".
Grupo: Chicago.   **Año:** 1976.
Álbum: *Chicago X.*

Título del anuncio: Para esos días que todo te da igual.
Nombre del tema: "Anarchy in UK".
Grupo: The Sex Pistols.   **Año:** 1977.
Álbum: *Never Mind The Bollocks, Here's.*

3.1.3. Busca los anuncios en *Youtube* y comenta con tus compañeros si estás de acuerdo con la elección de la canción.

3.2. ¿Qué tipo de música escuchas o piensas que es la más adecuada para las siguientes situaciones? ¿Puedes recomendar alguna canción? Habla con tus compañeros.

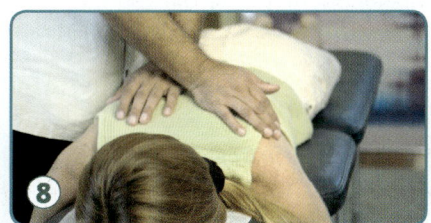

3.2.1. El siguiente texto trata sobre el tipo de música que se recomienda para cada deporte. Léelo y complétalo. Discute la respuesta con tus compañeros.

La música es importante a la hora de hacer deporte, y por ello en infinidad de ocasiones hemos realizado **listas de reproducción** adecuadas para cada disciplina o modalidad, incluso para cada sesión de entrenamiento. Las notas musicales tienen un efecto en nuestro estado de ánimo, y el papel que ocupa la música en la actividad deportiva es muy importante. No solo cuando ha-
5 cemos deporte en grupo debemos usar música, también en nuestros entrenamientos personales podemos hacer de ella un aliado porque nos ayudará marcando los ritmos y la velocidad.

A la hora de practicar ejercicio aeróbico como la carrera, la bicicleta, el *step*… la música que utilicemos debe ser de ....
....

10 A la hora de entrenar en sala con pesos, no es necesario mantener un paso constante y por tanto el ritmo no es tan determinante, pero escuchando música nos concentraremos mejor y tendremos una motivación extra; escuchar música elevando peso nos ayudará a animarnos. La música recomendable en estos momentos debe ser ....
....

15 Los estiramientos y la vuelta a la calma la haremos poniendo música ....
....

3.2.2. Mira el texto completo que te muestra tu profesor y compáralo con tu respuesta anterior. Contesta también a la siguiente pregunta de vocabulario.

¿Qué significa...?

■ aliado ▶ ....
■ pesos ▶ ....

■ pegadizo ▶ ....
■ rendir ▶ ....

■ aliciente ▶ ....
■ estiramientos ▶ ....

3.2.3. Lee la siguiente explicación sobre los usos del gerundio, fíjate en los que hay en el texto anterior: ¿cuáles aparecen? Subráyalos en el texto y escribe al lado su significado.

> ## Usos del gerundio
>
> 1. **Modo:** *Logré el ascenso, trabajando mucho.*
> 2. **Temporal:** *Llegando casa, te llamo y nos vamos, ¿vale?*
> 3. **Causal:** *Este niño, faltando tanto a clase, no aprenderá nada.*
> 4. **Condicional:** *Saliendo con una hora, llegas a tiempo.*
> 5. **Concesivo:** *Aun saliendo una hora antes, no llegamos a tiempo.* Normalmente va precedido del adverbio *aun*.

3.3. ¿Qué grupos o cantantes españoles conoces? ¿Sabes quiénes son los de las imágenes? ¿Qué tipo de música crees que hacen? Habla con tus compañeros.

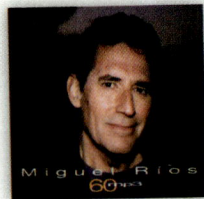  

3.3.1. Lee la información sobre los grupos anteriores que te va a dar tu profesor y clasifícala en la columna que creas que es la correcta.

Miguel Ríos	Mecano	Alaska

3.3.2. Lee estas estrofas de tres canciones de los grupos anteriores y escribe un título que resuma la idea de la canción. Usa el diccionario si lo necesitas. ¿A quién crees que pertenecen? Trabaja con tu compañero.

1

Cada día despierto
en distinta habitación
donde doy con mis huesos
cuando está saliendo el sol,
dormimos poco y mal
quemando la salud.
(...)

Cada día un concierto
un ensayo una tensión
que controlo sabiendo
que es mi vida lo que doy,
no hay trampa ni cartón
soy como veis que soy.
(...)

Vivo en la carretera
dentro de un autobús
vivo en la carretera
aparcado en un blues.
(...)

Unidad I

2

Ella lo vio salir de allí
ahora sabía la verdad y se decidió.
Loca de celos le siguió
tras apuntar la dirección
resistiéndose a llorar.

¿Cómo pudiste hacerme esto a mí?
yo que te hubiese querido hasta el fin,

sé que te arrepentirás.

La calle desierta, la noche ideal
un coche sin luces no pudo esquivar
un golpe certero,
y todo terminó entre ellos de repente.
(...)

3

A unos les toca en Gambia
y a otros en Pekín
y a mí me tocó nacer en Madrid.
Y no es un trauma ni un orgullo para mí
porque no me dejaron elegir.
Oh Madrid.
Una ciudad de alquitrán
hierro cemento y cristal.

En Madrid.
Hay sombras largas
de edificios sobre mí
bajo mis pies siento crecer Madrid.
Oh Madrid.
Se ha hecho tan grande y tan pequeño para mí
que solo hay sitio para ir y venir
por Madrid.

3.3.3. Busca en Internet las canciones anteriores, escúchalas y comprueba tus respuestas anteriores.

3.4. Te proponemos terminar este apartado diseñando un anuncio para la campaña publicitaria del *Clio iPod*. Con tus compañeros, elige una canción y un título: *Para esos días que...*

4 Dime qué redes sociales usas...

4.1. Mira este muro de Facebook. ¿Sabes lo que es un haiku? ¿Conoces al grupo de la imagen? ¿Qué tipo de música crees que hacen? Lee las entradas, mira las fotos y con tus compañeros trata de contestar a estas preguntas.

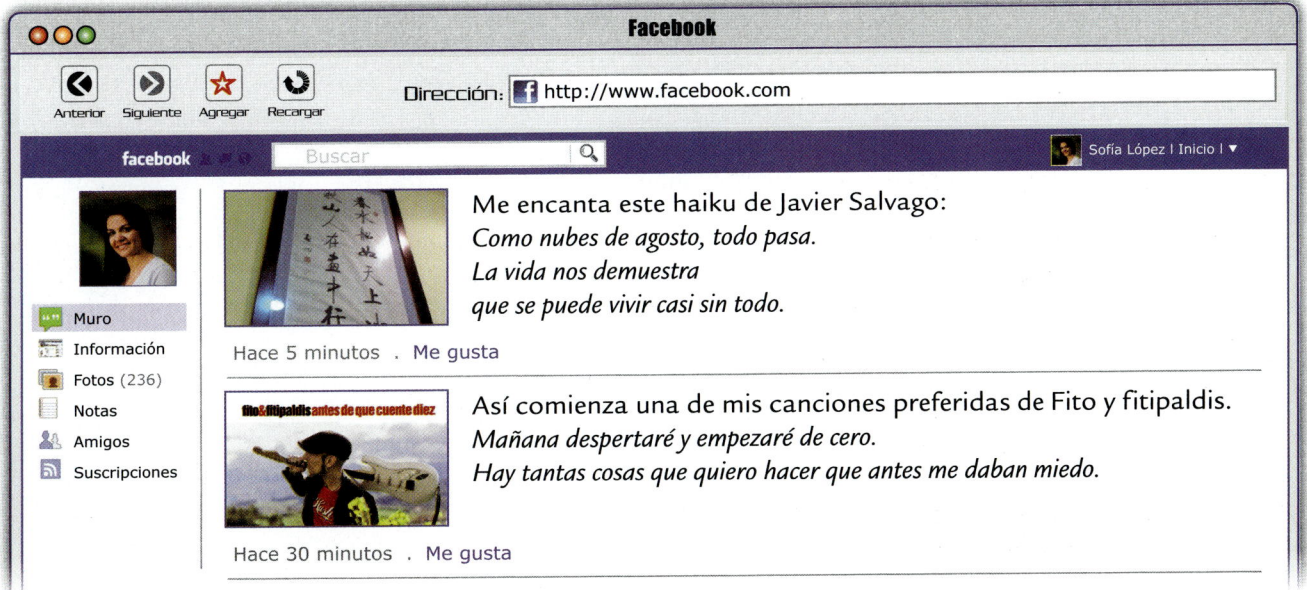

4.1.1. **Comenta con tu compañero el significado de las siguientes frases de los textos anteriores.**

| Se puede vivir casi sin todo. | Mañana despertaré y empezaré de cero. |

4.1.2. **Comenta las entradas anteriores completando las siguientes frases.**

Se puede vivir casi sin todo.

1. Prescindiría de .... solo si ....

2. No podría vivir sin .... a no ser que ....

3. Dejaría (de) .... siempre y cuando ....

4. No regalaría .... a menos que ....

5. Rechazaría .... siempre que ....

Fíjate en los nexos para expresar condiciones:

- *a no ser que / a menos que* + subjuntivo: se utilizan cuando se quiere expresar que es la única circunstancia en que algo no se produciría.
- *solo si* + presente de indicativo o imperfecto de subjuntivo: cuando la circunstancia se considera más hipotética.
- *siempre que / siempre y cuando* + subjuntivo: expresan el mínimo imprescindible para que se produzca algo.

Mañana despertaré y empezaré de cero.

1. Si llego a saber que/Si sé que ....

2. Si me hubieran dicho que ....

3. De haber tenido dinero ....

4. Si (no) hubiera ido a ....

5. Si hubiera podido ....

 Fíjate:

Otras frases equivalentes a la tercera condicional para expresar hipótesis imposibles, lamentaciones y arrepentimientos:

Si llego a saber que...
Si sé que...   +   La segunda parte de la frase puede ir en presente de indicativo, o en pluscuamperfecto de subjuntivo, condicional compuesto y condicional simple, igual que la tercera condicional.
De haber + participio...

4.1.3.   **Busca información en Internet sobre algunos de estos grupos y prepara una pequeña exposición para tus compañeros. Trabaja en grupo.**

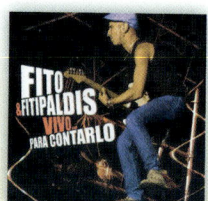

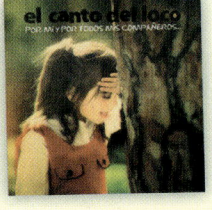

Unidad I

4.2. Mira otro muro de Facebook. Lee la poesía y contesta a estas preguntas. Usa el diccionario si lo necesitas.

[1] ¿Qué imagen tiene el autor de la vida, positiva o negativa? Busca palabras o frases que expresen esa idea.

[2] ¿Qué imagen tiene de sí mismo? Busca palabras o frases que lo demuestren.

Facebook

Anterior Siguiente Agregar Recargar

Dirección: http://www.facebook.com

facebook   Buscar 🔍   Lucas Gómez | Inicio ▼

Javier Salvago
Ulises

Muro
Información
Fotos (105)
Notas
Amigos
Suscripciones

Lo mejor que me ha pasado.
Comparto el sentimiento de Javier Salvago.

Esa chica

Había renunciado, como un muerto,
a la vida, al placer. Me limitaba
a resistir —como un superviviente
el día después— cuando llegaste tú.
No hubo ningún milagro, aunque tampoco
lo esperaba. En el cielo, las estrellas
siguieron alumbrando indiferentes,
ajenas a nosotros.

Aquí abajo
nada cambió. El mundo siguió siendo
el infierno de siempre. Los diarios
siguieron vomitando corrupciones,
atentados, catástrofes... No puedo
ni siquiera decir que mejorase
mi opinión del amor. Por no cambiar,
no cambió ni mi suerte. —Soy el mismo
pertinaz perdedor—.

La diferencia
es solo que estás tú y que contigo
todo es más soportable. Hasta la vida
vuelve a ser un placer
cuando estamos a gusto.

Hace 15 minutos . Me gusta

4.2.1. Y a ti, ¿qué es lo mejor que te ha pasado? ¿De qué cosas te alegras más?

4.3. ¿Qué otras redes sociales usas? Vuelve a leer el texto de la actividad 1.1.1. y discute con tus compañeros si estás de acuerdo con lo que se dice.

4.3.1. **R** Mira en el texto anterior y completa el cuadro.

> **La tilde diacrítica en monosílabos**

La función de esta tilde es diferenciar dos palabras que se escriben igual.	
1. se:	**sé**: ....
2. de:	**dé**: ....
3. mas:	**más**: ....
4. te:	**té**: ....
5. mi:	**mí**: ....
6. el:	**él**: ....
7. aun:	**aún**: ....
8. tu:	**tú**: ....

5 Diario de aprendizaje

5.1. Completa.

En esta unidad

- Mis impresiones generales sobre la unidad son **positivas/neutras/negativas**.

- Me he sentido .... porque ....

- ¿Con qué temas hemos trabajado? ¿Cuál te ha gustado más y cuál menos?
  ▶ ....

- ¿Qué aspectos gramaticales han sido nuevos para ti? ¿Te han resultado difíciles?
  ▶ ....

- ¿Qué palabras y expresiones quieres recordar? Organízalas de manera que sea fácil recordarlas, puedes hacer un mapa mental teniendo en cuenta temas, combinaciones posibles...
  ▶ ....

- ¿Lo tienes todo claro? ¿Crees que tienes que repasar algo?
  ▶ ....

Unidad 2

¿Cómo nos educamos?

Tareas:
- Comparar los sistemas educativos de los países de la clase.
- Representar y resumir un diálogo.
- Establecer las prohibiciones de la clase.
- Completar un diario de aprendizaje.

Contenidos funcionales:
- Hablar de experiencias educativas.
- Explicar un sistema educativo.
- Transmitir palabras e intenciones de otros.
- Expresar ánimo, sorpresa, consolación y urgencia.
- Resumir conversaciones.
- Prohibir.
- Rechazar una prohibición.

Contenidos lingüísticos:
- Estilo indirecto: marcas introductorias y correlación de marcas.
- Verbos de lengua y pensamiento.
- Verbos de influencia.
- Imperativos lexicalizados.
- *Eso no se + presente de indicativo/Está prohibido/No está permitido (que)...*
- Expresiones para rechazar una prohibición: *Me temo que/No me da la gana/Intenta pararme*, etc.

Contenidos léxicos:
- Educación.
- Familia.

Contenidos culturales:
- Sistema educativo español.
- *Manolito Gafotas*.
- Tipos de familia.
- Función social de los abuelos.

I | En la escuela

I.1. Lee con un compañero estas definiciones extraídas del diccionario de la RAE, todas pertenecen a una misma palabra, ¿sabéis a cuál?

1. *f.* Acción y efecto de educar.
2. *f.* Crianza, enseñanza y doctrina que se da a los niños y a los jóvenes.
3. *f.* Instrucción por medio de la acción docente.
4. *f.* Cortesía, urbanidad.

I.1.1. El artículo 27 de la Constitución Española se refiere al derecho a la educación. Lee este fragmento y piensa con qué acepciones de las anteriores puedes relacionarlo. Después coméntalo con la clase.

Artículo 27

- Todos tienen el derecho a la educación. Se reconoce la libertad de enseñanza.
- La educación tendrá por objeto el pleno desarrollo de la personalidad humana en el respeto a los principios democráticos de convivencia y a los derechos y libertades fundamentales.
- La enseñanza básica es obligatoria y gratuita.
- Los poderes públicos garantizan el derecho de todos a la educación, mediante una programación general de la enseñanza, con participación efectiva de todos los sectores afectados y la creación de centros docentes.
- Los profesores, los padres y, en su caso, los alumnos intervendrán en el control y gestión de todos los centros sostenidos por la Administración con fondos públicos, en los términos que la ley establezca.
- Los poderes públicos inspeccionarán y homologarán el sistema educativo para garantizar el cumplimiento de las leyes.

Adaptado de la Constitución Española, 1978

I.2. Vamos a volver al colegio por unos minutos para hacer un examen de vocabulario. ¿Quieres tener una buena nota? Dividid la clase en parejas y prestad mucha atención a las indicaciones de vuestro profesor.

I.2.I. ¿Sabes cómo es el sistema de calificaciones en España? Leedlo y sumad después vuestra puntuación para averiguar la nota que habéis sacado en vuestro examen.

Resultados

■ Las calificaciones en España se cuentan sobre 10 y se clasifican de la siguiente manera:

0-4: Suspenso	**6:** Bien	**9-10:** Sobresaliente
5: Aprobado	**7-8:** Notable	

■ ¿Qué nota habéis sacado? Sumad vuestra puntuación.

Menos de 17 puntos: SUSPENSO. Lo sentimos, os ha quedado esta asignatura.
Entre 18 y 20 puntos: APROBADO. No está mal, pero hay que estudiar un poquito más.
Entre 21 y 23 puntos: BIEN. Es una nota aceptable, pero la próxima vez hay que mejorarla.
Entre 24 y 29 puntos: NOTABLE. Muy bien, habéis sacado una buena nota.
Entre 30 y 35 puntos: SOBRESALIENTE. ¡Enhorabuena! Sois unos estudiantes brillantes.

I.2.2.  Anota en este espacio el vocabulario que quieres recordar.

I.3. 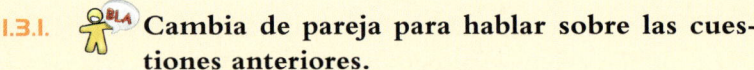 Lee las preguntas de este cuestionario y escribe una más para hacérsela a un compañero.

[1] ¿En qué tipo de colegio estudiaste?
[2] ¿Cómo era el colegio (liberal, estricto...) y qué normas tenía (uniforme, salidas...)?
[3] ¿Cuántos alumnos había por clase?
[4] ¿Qué tipo de estudiante eras? ¿Recuerdas a algún alumno conflictivo?
[5] ¿Qué asignaturas se te daban bien? ¿Cuáles no te gustaban?
[6] ¿Qué estudios tienes?
[7] ¿Has tenido alguna vez una beca?
[8] ....

I.3.I. Cambia de pareja para hablar sobre las cuestiones anteriores.

▶ Cuando tenía doce años estudiaba en un colegio público, pero luego mis padres pensaron que era una buena idea que hiciera la enseñanza secundaria en uno privado, así que me cambiaron. ¿Y tú?
▶ Mi colegio era religioso...

Unidad 2

1.4. **¿Queréis subir nota en el examen que habéis hecho? Esta es vuestra oportunidad, vamos a hacer una última pregunta sobre el sistema educativo español. Lee este texto informativo e intenta completarlo con tu compañero a partir de vuestros conocimientos o intuición.**

El sistema educativo español organiza la enseñanza no (1) .... en cuatro bloques principales: Educación Infantil, Educación Primaria, Educación Secundaria Obligatoria (ESO) y Educación Secundaria Postobligatoria.

La **Educación Infantil** es de carácter (2)........................ y va de los 0 a los 6 años. Está dividida en dos ciclos y la mayoría de los niños empieza a ir al colegio en el segundo, a partir de los (3)............ años.

La **Educación Primaria** es la primera etapa (4)........................, por lo que deben incorporarse a ella todos los niños de 6 años. Está compuesta por (5)........................ cursos que se terminan con 12 años.

La **Educación Secundaria Obligatoria** (ESO) comprende (6)............ cursos que se extienden hasta los (7)................ años. Todos los ciudadanos en edad escolar tienen el derecho y el deber de cursarla, de modo que, al igual que la Educación Primaria, es (8)........................ para todos. Para aquellos alumnos que tienen dificultades en superarla, existe un camino alternativo, los Programas de Cualificación Profesional Inicial (PCPI) que facilitan el acceso al mundo laboral.

La **Educación Secundaria Postobligatoria** incluye estudios más teóricos de (9)............ cursos (llamados (10)........................) y estudios orientados a la formación profesional (conocidos como Ciclos Formativos de Grado Medio o Superior). Ambos tipos no son excluyentes y existen (11)........................ para ir de uno a otro. En el Bachillerato los alumnos eligen su especialización en función de lo que quieran hacer en el futuro: Ciencia y Tecnología, Humanidades y Ciencias Sociales o Artes.

La entrada a la (12)........................ se hace con 18 años cumplidos y requiere una prueba de acceso (PAU) a la que se puede llegar a través del Bachillerato o de los Ciclos Formativos.

La Educación Infantil de primer ciclo se cursa en una (13)......................... El segundo ciclo y la Educación Primaria se hace en el (14)......................... Toda la enseñanza secundaria, obligatoria o no, se cursa en el (15)................................ .

1.4.1. **El profesor os va a dar tarjetas con las palabras que faltan, pensad cuál va en cada espacio y comprobad vuestras hipótesis.**

1.4.2. **Observa el esquema del sistema educativo español que te va a dar tu profesor y complétalo basándote en la información anterior. Trabaja con tu compañero.**

1.5. **¿Cómo es el sistema educativo de tu país? Elabora un esquema para hacer una exposición en clase.**

1.5.1. **Haced vuestras exposiciones y tomad notas para comparar los diferentes sistemas educativos. ¿En qué se parecen y en qué se diferencian? ¿Cuál te gusta más y por qué?**

I.6. Observa estas imágenes, ¿sabes cómo se llama el recurso que utiliza el presentador? Escríbelo en el espacio.

Mi gobierno va a revisar la gratuidad de algunas etapas de la educación no obligatoria.

En directo

Ayer la presidenta dijo que su gobierno iba a revisar la gratuidad de algunas etapas de la educación no obligatoria.

EXCLUSIVA

Al día siguiente en las noticias

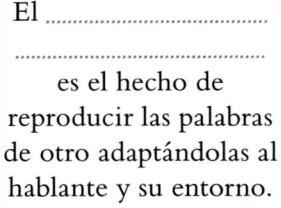

El .... es el hecho de reproducir las palabras de otro adaptándolas al hablante y su entorno.

I.6.1. El profesor os va a repartir unas tarjetas para tener más información de cómo se construye un discurso indirecto. Leedlas en los grupos que os indique.

I.6.2. Haced nuevos grupos para intercambiar la información que tenéis sobre el estilo indirecto.

I.6.3. Mientras habláis, toma nota en el siguiente cuadro de lo que más te interese.

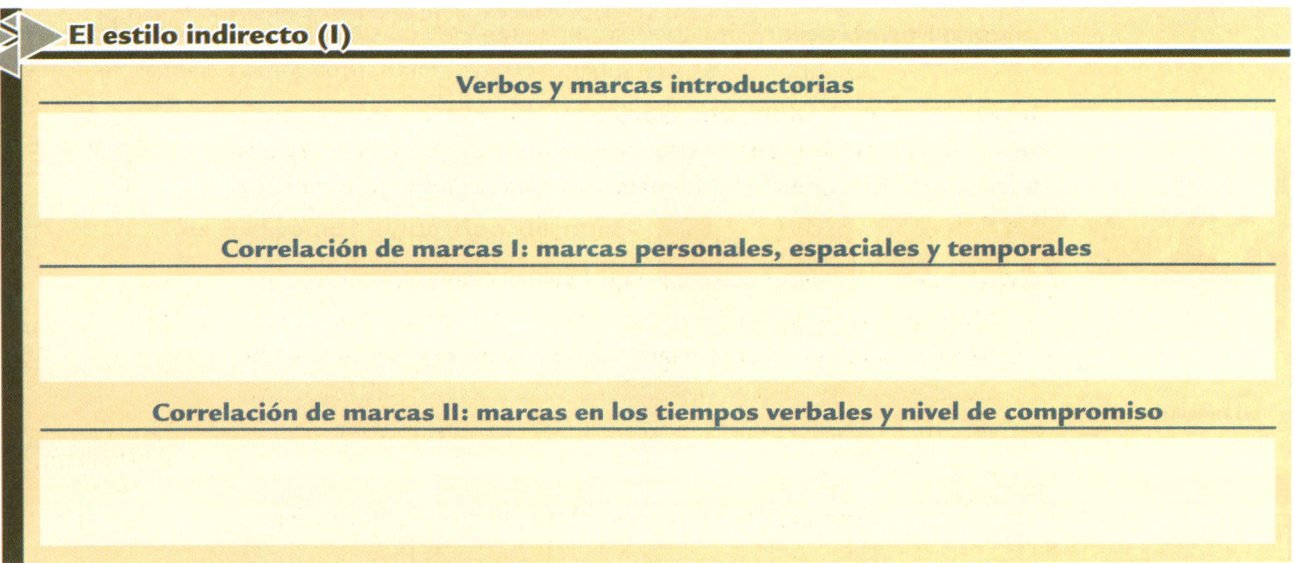

El estilo indirecto (I)

Verbos y marcas introductorias

Correlación de marcas I: marcas personales, espaciales y temporales

Correlación de marcas II: marcas en los tiempos verbales y nivel de compromiso

I.7. Hace dos días Juanjo tuvo estas conversaciones a través de WhatsApp. Léelas y reprodúcelas utilizando el estilo indirecto.

Pepefone   20:30   97%
CARLITOS
en línea

¿El profe ha pasado lista hoy? *20.21*

20.22 Sí y te ha puesto falta.

¡Uff! Pues seguro que le llegará el mensaje a mi padre. *20.25*

1. Carlitos preguntó...

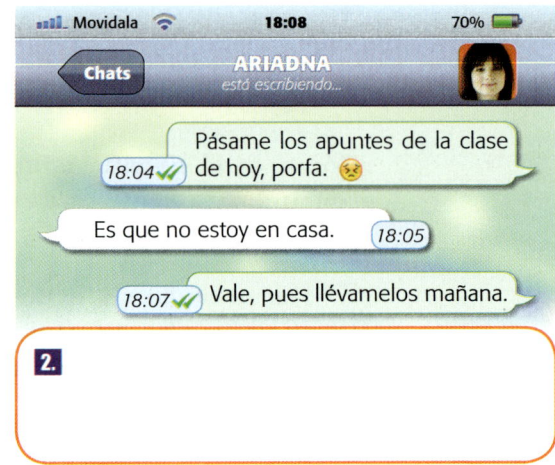

Movidala   18:08   70%
ARIADNA
está escribiendo...

18:04 Pásame los apuntes de la clase de hoy, porfa.

Es que no estoy en casa. *18:05*

18:07 Vale, pues llévamelos mañana.

2.

3.

4.

I.8. ¿Conoces algo de literatura en español? Mira estos libros y comenta con tus compañeros si sabes algo de ellos o de sus autores.

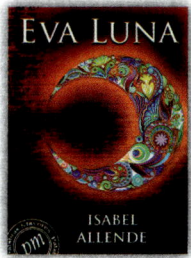

I.8.I. Si no conocías a Manolito Gafotas y quieres saber algo más sobre él, lee el siguiente texto y escribe dos preguntas sobre la información que quieras ampliar. Con ayuda del profesor intentaréis responderlas.

Manolito Gafotas es un personaje que nació en la radio y dio el salto a la literatura de la mano de su creadora, la escritora española Elvira Lindo. Actualmente es el protagonista de una serie de novelas, escritas siempre en primera persona, destinadas a niños y adolescentes. Manolito es un antihéroe, es todo lo que ningún niño querría ser: feo, guarro, cobarde…

Vive en un barrio periférico de Madrid, Carabanchel Alto. Su familia son su padre (camionero), su madre (ama de casa), su hermano menor, al que llama el Imbécil, y su abuelo. Otro de los personajes importantes es una vecina y amiga de su madre: "la Luisa", una mujer cuarentona, sin hijos y un poco fresca.

[1] ....

[2] ....

I.8.2. Vamos a leer un fragmento del libro *Yo y el Imbécil*. Antes, comenta con un compañero los significados de las palabras y expresiones que hay a continuación.

- Saltarse un semáforo
- Pegar un acelerón (en un coche)
- (La) criatura
- Aguantar (a alguien)
- (La) salivilla

1.8.3. 📖 **Lee el fragmento y su contexto e imagina cuál es el carácter de la vecina Luisa.**

Contexto

El abuelo de Manolito se ha puesto enfermo y está ingresado en el hospital donde lo han operado. Su hija, la madre de Manolito, está con él y Manolito y su hermano se han quedado con su vecina Luisa que los llevará de visita al hospital.

Fragmento

El viaje al hospital lo hicimos en el coche de la Luisa (…) saltándose los semáforos, o pegando unos acelerones que nos subieron varias veces el medio filete a la garganta. Nosotros nos dábamos cuenta de que los coches de alrededor la[1] iban pitando, porque la Luisa hacía cosas horribles (siempre las hace), y ella entonces sacaba un momento la mano por la ventanilla y decía:

–¡Anda ya, que te calles, animal! ¿Es que no ves que llevo dos criaturas dentro que van a ver a su abuelo que está recién operado en el hospital?

(…)

Aparcó en la puerta del hospital, **y un enfermero salió y le dijo: "Señora, por Dios, que esta entrada es la de urgencias", y la Luisa le dijo al enfermero que solo iban a ser cinco minutitos, lo que tardara en dejarnos en la puerta para que nos aguantara nuestra madre, y que al fin y al cabo la suya también era una cuestión de bastante urgencia.**

Nosotros pensamos que decía la verdad, que nos iba a dejar en la puerta del hospital, porque nosotros siempre nos creemos lo que nos dicen las personas mayores, (…) pero una vez más, nos equivocamos: la Luisa se montó en el ascensor con nosotros, y por el camino de subida hasta la séptima planta nos fue arreglando el traje, el pelo y peinándonos las cejas con un poco de salivilla que se untó en los dedos. Llegamos por fin a la séptima y se vino con nosotros hacia la habitación. (…) El Imbécil se puso delante de la Luisa, y le dijo:

–La Luisa se va.

–Porque lo digas tú –dijo ella.

–La Luisa se va con su coche, que lo ha dicho la Luisa al enfermero.

El Imbécil la empujaba hacia el ascensor. Pero la Luisa le dijo que no y que no, y que a ella lo que dijera un enfermero es que le daba igual, que quién era ese enfermero para decirla[1] a ella dónde tenía que dejar el coche; que fuera la grúa o la Guardia Civil de Tráfico, pero que ella se quedaba un rato en el hospital porque para eso había hecho el viaje y para eso había ido a la peluquería.

Extraído de *Yo y el Imbécil*, Editorial Alfaguara

[1] Laísmo. Lo admitido es el pronombre de objeto indirecto "le".

1.8.4. **Observad que en el texto hay dos párrafos en negrita en los que se reproducen dos conversaciones mezclando el estilo directo e indirecto. En parejas vais a reconstruir los dos diálogos e imaginad cómo pueden continuar.**

> **1**
> **Enfermero:** Señora, por Dios, que esta entrada es la de urgencias.
> **Luisa:**

> **2**
> **Imbécil:** La Luisa se va.
> **Luisa:** Porque lo digas tú.
> **Imbécil:**

2 En casa (de mis abuelos)

2.1. **Lee con un compañero estas definiciones extraídas del diccionario de la RAE, todas pertenecen a una misma palabra, ¿sabéis a cuál?**

1. *f.* Grupo de personas emparentadas entre sí que viven juntas.
2. *f.* Conjunto de ascendientes, descendientes, colaterales y afines de un linaje.
3. *f.* Hijos o descendencia.

2.1.1. **¿Qué es la familia realmente? ¿Qué miembros incluyes tú en el concepto de familia? Lee el siguiente texto sobre la evolución de la familia en España y comenta con tus compañeros si en tu país es parecido.**

Si pensamos en el concepto de familia es probable que a muchos de nosotros nos venga a la cabeza un modelo que se ha considerado típico: un padre, una madre y los hijos. Hasta no hace mucho tiempo este era el modelo de familia más frecuente, al menos de manera declarada, en la sociedad española, pero poco a poco las cosas van cambiando y se va dando cabida a otros modelos de familia.

5 A lo largo de los siglos, el concepto de familia ha ido evolucionando. En la primera acepción del diccionario aparece la condición de vivir bajo el mismo techo para considerarse familia, parece ser que antiguamente esto era necesario para ser miembro de una unidad familiar. En el siglo XX las familias se entendían más tal como se describe en la segunda acepción del diccionario, así que eran mucho más extensas que en la actualidad y abundaban las familias numerosas. Con la mejoría en la calidad de vida en la segunda mitad de ese siglo era muy
10 frecuente encontrar familias que tuvieran no solo abuelos, sino también bisabuelos y en ocasiones tatarabuelos. En estas familias entraba todo el mundo, el cónyuge aportaba también a sus familiares, así se incluía a los suegros y los cuñados. Especialmente en los ámbitos rurales era habitual mantener una estrecha relación con familiares tanto cercanos como lejanos. Esta armonía en ocasiones desaparecía por las peleas y riñas producidas cuando se perdía a un familiar y llegaba el momento de heredar, sobre todo si no había hecho testamento y el acuerdo entre
15 la familia no era fácil de conseguir. Desafortunadamente en este aspecto no hemos cambiado mucho.

La familia actual parece que tiende más a unirse con los descendientes, los padres consideran como de la familia a los novios que tienen sus hijos y pronto entran en ella los yernos y las nueras. Como se mencionaba al principio ahora existen otros prototipos de familia, los cambios en la sociedad y en nuestra forma de pensar han dado lugar a estos tipos de familia:

20 – Familia nuclear: está compuesta por padre, madre y su descendencia. Es el concepto tradicional de familia al que nos referíamos al principio.
– Familia monoparental: los hijos viven solo con uno de sus progenitores (padre o madre).
– Familia adoptiva: tiene hijos que no son de sangre, generalmente son niños abandonados o huérfanos.
– Familia homoparental: formada por una pareja de homosexuales y sus posibles hijos (biológicos o adoptados).
25 – Familia ensamblada: compuesta por una pareja que lleva hijos de relaciones anteriores y forman un nuevo grupo familiar.

Como las formas de vida han cambiado y son diversas, la familia se ha adaptado al contexto y ha evolucionado para revolucionar el concepto de familia y hacer que la sociedad acepte que todos los tipos de familia existentes son igual de válidos.

Etapa 12 Nivel B2.3

2.1.2. **R** Observa en el texto las palabras resaltadas y escríbelas junto a su definición.

> ## Léxico relacionado con la familia

1. _____: familia que tiene muchos hijos (en España tres o más).

2. _____: familia que recoge a un niño que no es su hijo biológico y lo cuida y educa.

3. _____: niño que no tiene padres porque han muerto.

4. _____ / _____: acción de discutir con enfado con otra persona.

FAMILIA

5. _____: separarse de una persona de la familia por su muerte.

6. _____: escribir un documento legal donde se dice qué quieres hacer con tus propiedades después de tu muerte.

7. _____: recibir propiedades de una persona que ha muerto.

8. _____: sentir y tratar a alguien como si fuera de la propia familia de sangre.

9. _____: marido o mujer.

10. _____: hijo o nieto. Persona que en el árbol genealógico está debajo.

11. _____ / _____: cónyuge de tu hijo/a.

12. _____: abuelo de los padres.

13. _____: abuelo de los abuelos.

14. _____: padre o madre del cónyuge.

15. _____: hermano/a del cónyuge.

16. _____: pariente, que pertenece a la familia. Puede ser "cercano" si es de la familia directa (primo, tío...) o "lejano" si es una relación más indirecta (el nieto de tu primo, la tía de mi abuelo...).

2.2. **BLA** Mira las imágenes que te va a mostrar tu profesor y habla con tus compañeros sobre lo que te sugieren.

2.2.1. [3] Recientemente un informe realizado por la Fundación de Ayuda contra la Drogadicción (FAD) y la Obra Social de Caja Madrid demuestra que los abuelos españoles se sienten utilizados por sus hijos. Escucha este coloquio en el que intervienen un abuelo, una madre y el coordinador del informe, y marca las frases que se corresponden con sus declaraciones y pensamientos.

☐ **1.** La moderadora le **pidió** a Eusebio Mejías que hiciera un resumen del informe.

☐ **2.** Eusebio Mejías **declaró** que muchos abuelos se sienten desbordados por la responsabilidad de educar a sus nietos.

☐ **3.** La moderadora **aconsejó** que respetaran los turnos.

☐ **4.** Tomás Cabrero **aseguró** que le encanta estar con sus nietos.

☐ **5.** Tomás **se quejó de** que no tenía libertad para disponer de su tiempo libre.

☐ **6.** La madre **negó** que el cuidado de los nietos reduzca libertades de los abuelos.

☐ **7.** Fátima Muñoz **acusó** al gobierno **de** no facilitar la conciliación de la vida personal y laboral.

☐ **8.** El abuelo **propuso** a Fátima que intercambiaran sus papeles por un día.

☐ **9.** Tomás **reconoció** que los hijos necesitan su ayuda e **insistió en** que disfruta mucho estando con sus nietos.

☐ **10.** El abuelo **confesó** que tenía sus temores sobre no saber educar adecuadamente a sus nietos.

☐ **11.** Eusebio **dijo** que muchos padres **reprochan** a los abuelos su actuación con los nietos y **añadió** que este hecho incomoda a los mayores.

☐ **12.** El señor Mejías **exigió** a los abuelos que no se responsabilicen del cuidado de sus nietos.

☐ **13.** La madre le dio la razón al coordinador en que a veces los padres se pasan con los abuelos, **reconoció** que ella misma se había enfadado alguna vez con su madre.

☐ **14.** Fátima **comentó** que la utilización de los abuelos va ligada a la posición económica de la familia.

☐ **15.** Tomás **rogó** a los que hoy son padres que no abandonen a sus mayores en el futuro.

2.2.2.  **R** Observa los verbos de las frases anteriores que están en negrita, y confirma que entiendes todos los significados. Completa el modo verbal que sigue a estos verbos.

El estilo indirecto (II)

Pedir
Aconsejar
Negar
Proponer   } + que + (1) ....
Reprochar
Exigir
Rogar

Asegurar/afirmar   Confesar
Reconocer/admitir   Añadir*
            Declarar   Insistir en*   } + que + (2) ....
            Comentar

*Van con subjuntivo cuando expresan influencia.
  Ej. *Insistió en que nos rebeláramos contra los hijos.*

Acusar de } + sustantivo /
              (3) ....

Ej. *Lo acusó de la desaparición de sus hijos.*

Quejarse de*] + sustantivo / (4) ....

Ej. *Se quejó de su falta de libertad.*

*Puede ir con subjuntivo cuando se utiliza como verbo de sentimiento.
  Ej. *Se quejaron de que sus hijos abusaran de su buena voluntad.*

2.3. [4] Vas a escuchar diez frases, ¿qué verbo te parece más adecuado para introducir la transmisión de estas palabras? Escribe el número de la frase en el recuadro correspondiente.

☐ quejarse   ☐ rogar   ☐ acusar
☐ añadir   ☐ aconsejar   ☐ proponer
☐ negar   ☐ confesar   ☐ pedir
☐ insistir

2.3.1. [4] La intención del hablante normalmente se refleja en la entonación que se utiliza al pronunciar el mensaje. Vuelve a escuchar las frases, fíjate en la entonación y repite.

2.3.2. Pide la transcripción de las frases anteriores a tu profesor y vuelve a escribirlas en estilo indirecto utilizando los verbos de 2.3.
Ej. *Le confesó que se le había caído la tableta y que por eso no funcionaba.*

Lee este diálogo y completa la tabla.

Hija: ¡Hola! ¡Ya estoy aquí!
Madre: ¡Chist! Que el niño está dormido.
H.: (1)**¡Anda!** pues sí que es raro, ¿qué le pasa?
M.: Nada, pero hoy me ha dado un día… No ha parado de tocar todo y tirarlo. (2)**Mira**, ya no aguantaba más, estaba deseando de que llegaras, pero hoy vienes más tarde, ¿no?
H.: Pues sí, es que he venido dando un paseo.
M.: (3)**¡Vaya con** la señorita! Se va de paseo mientras yo cuido de su hijo.
H.: Es que he tenido un día terrible y necesitaba despejarme un poco.
M.: Sí, vale. (4)**Venga**, date prisa y come, que voy a recoger la cocina y tú solo piensas en ti.
H.: (5)**¡Vaya** ambiente que tenemos hoy! Ya voy… (6)**Anda**, no te enfades, si en el fondo te gusta cuidar de tu nieto.
M.: ¿Qué dices? Hija, el niño es un cielo, pero tú eres una caradura. (7)**¡Basta** ya!

[1] Interlocutores (cuántos hay, relación entre ellos…).	
[2] Situación (dónde están, por qué…).	
[3] Tema/s de los que hablan.	

2.4.1. Vuelve a mirar el diálogo y fíjate en las palabras en negrita. ¿Qué tipo de palabras son? ¿Piensas que tienen un significado literal? Discútelo con la clase.

2.4.2. Clasifica los imperativos lexicalizados que has leído. Pon el número que lo identifica junto al significado correspondiente.

6	**a.** Expresa ánimo o consolación.		**e.** Marca la actitud negativa que el hablante tiene hacia el sustantivo que le sigue precedido de *con*.
	b. Expresa sorpresa.		
	c. Expresa urgencia o apremio.		**f.** Pone fin a una acción o discurso.
	d. Ensalza las características, positivas o negativas, del sustantivo con el que va.		**g.** Llama la atención del interlocutor.

Fíjate:

Anda, venga y *vaya* son tres de los imperativos lexicalizados más frecuentes. Ten en cuenta que adquieren su significado dependiendo del contexto.
Otro imperativo lexicalizado de uso muy frecuente es *¡Dale!,* que expresa irritación o molestia ante la insistencia de alguien.
Ej. *¡Dale! ¡Qué pesado! ¿No sabes hablar de otra cosa?*

2.4.3. A continuación, observa dos resúmenes de la conversación entre la madre y la hija que te va a mostrar tu profesor, elige el que te parezca más adecuado y justifica tu elección. Habla con tu compañero.

2.5. En parejas vais a escribir un diálogo que representaréis después. Antes de empezar a escribir, pensad en estos aspectos y tomad nota de vuestras ideas. Intentad incluir algún imperativo lexicalizado en vuestro texto.

[1] Interlocutores (cuántos hay, relación entre ellos...).	
[2] Situación (dónde están, por qué...).	
[3] Tema/s de los que hablan.	

2.5.1. Ensaya con tu compañero la entonación del diálogo, el profesor os ayudará. Por turnos representad vuestros diálogos. Los que observáis tenéis que tomar algunas notas para después hacer un resumen de la conversación.

2.5.2. Escribid el resumen de la conversación de una de las parejas a la que se lo pasaréis para que decida si es o no un buen resumen.

3 ¿En casa o en la escuela?

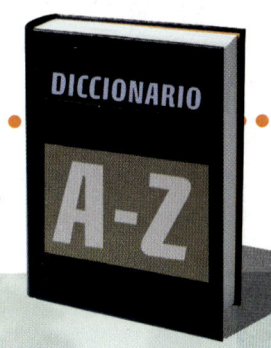

3.1. Lee con un compañero esta definición extraída del diccionario de la RAE, ¿sabéis a qué verbo corresponde?

1. *tr.* Vedar o impedir el uso o ejecución de algo.

3.1.1. Lee estas prohibiciones y decide con un compañero si pertenecen al ámbito de la escuela, del hogar o podrían ser de ambos.

1. **Está prohibido** salir antes de que suene el timbre.
2. ¡Dale! **Te he dicho que no** y punto.
3. **No está permitido** utilizar aparatos electrónicos en todo el recinto.
4. **Te prohíbo que** salgas antes de terminar tus tareas.
5. **Está prohibido que** los pequeños salgan al patio sin supervisión.
6. **Eso no se** toca, puede caerse y romperse.
7. **No te permito que** andes con zapatos por las habitaciones.
8. **Eso no se** dice, hay que aprender buenos modales.
9. **Eso no se** hace, piensa en que tus compañeros podrían utilizarlo.
10. **No te permito que** utilices el móvil en clase.
11. **Eso no se** deja en el comedor, guárdalo en tu armario.
12. **No está permitido que** los alumnos hagan uso de los servicios en horario lectivo.

Etapa 12. Nivel B2.3

3.1.2. [R] Observa en las frases anteriores las estructuras que pueden utilizarse para prohibir y completa este esquema.

⯈ Expresar prohibición

- **Prohibiciones generales.**
  - *Está prohibido* ⎤ + (1) ....
  - *No está permitido* ⎦ + *que* + (2) ....

- **Prohibiciones personales.**
  - *Te prohíbo* ⎤
  - *No te permito* ⎦ + *que* + (3) ....
  - *Eso no se* + (4) ....
  - *Te he dicho que no (y punto).*

> **Fíjate:**
> *Eso no se toca/dice/*etc. se utiliza sobre todo para dirigirse a los niños. *Te he dicho que no* se utiliza para zanjar una conversación en la que se ha hecho una petición, normalmente de manera insistente, y se ha denegado.

3.2. 📖 Hay diferentes maneras de rechazar una prohibición. Lee los siguientes diálogos e intenta clasificar las respuestas en formal, coloquial y muy coloquial.

1. ▶ ¡Oye! Eso no se toca.
▶ Intenta pararme.

2. ▶ Te he dicho que no, que hoy te quedas en casa.
▶ No me da la gana.

3. ▶ Está prohibido traer el móvil.
▶ ¿Dónde dice que está prohibido?

4. ▶ No está permitido salir a tomar café.
▶ Me temo que saldremos de todos modos.

5. ▶ Está prohibido fumar en todo el edificio.
▶ Lo haré de todas formas.

6. ▶ Te prohíbo que llegues tarde más días.
▶ Pues claro que llegaré tarde.

Formal: ☐ **Coloquial:** ☐ **Muy coloquial:** ☐

3.2.1. [R] Vuelve a leer los diálogos anteriores y completa el cuadro.

⯈ Rechazar una prohibición

- **En contextos formales:**
  - (1) .... + verbo en futuro + (*de todos modos*).

- **En contextos informales:**
  - ¿(2) .... / *Quién dice que no se puede* / (3) .... ?
  - (4) .... + verbo en futuro.
  - *Lo haré de todos modos* / (5) ....

- **En contextos familiares (muy coloquial):**
  - (6) .... / *detenerme.*
  - *No me da* (7) ....

3.3. Habla con un compañero sobre las prohibiciones en tu colegio, en casa de tus padres, en tu centro de estudios o trabajo y en tu casa. ¿Las aceptabas o aceptas con facilidad?

Ej. Mi colegio era religioso y había muchas prohibiciones. No estaba permitido...

3.3.I. Explicad a la clase si coincidís en algo.

3.4. ¿Qué crees que debe estar prohibido en clase? Piénsalo con un compañero y escribidlo aquí.

> Venir sin material, hablar en inglés, ...

3.4.I. Poned en común las ideas anteriores y elegid las ocho prohibiciones que os parezcan más adecuadas.

3.4.2. Escribid en un mural las prohibiciones que habéis establecido.

Recuerda:

Recuerda que en la unidad 1 aprendiste diferentes nexos condicionales:
A no ser que / a menos que + subjuntivo: se pueden utilizar para expresar una excepción a una prohibición.
Ej. *No está permitido comer en clase, a no ser que tengas un problema de salud.*

---

4 Diario de aprendizaje

4.I. Para ayudarte en la elaboración del proyecto final, completa el siguiente diario.

En esta unidad

- Mis impresiones generales sobre la unidad son **positivas/neutras/negativas**.

- Me he sentido .... porque ....

- ¿Con qué temas hemos trabajado? ¿Cuál te ha gustado más y cuál menos?
  ....

- ¿Qué aspectos gramaticales han sido nuevos para ti? ¿Te han resultado difíciles?
  ....

- ¿Qué palabras y expresiones quieres recordar? Organízalas de manera que sea fácil recordarlas, puedes hacer un mapa mental teniendo en cuenta temas, combinaciones posibles...
  ....
  ....

- ¿Lo tienes todo claro? ¿Crees que tienes que repasar algo?
  ....

Etapa I2. Nivel B2.3

Unidad 3

El siglo XX a escena

Tareas:
- Analizar la personalidad según preferencia de colores.
- Valorar piezas artísticas.
- Crear un cartel ilustrando greguerías.
- Argumentar opiniones acerca del arte contemporáneo.
- Escribir y representar una escena de una obra de teatro.
- Investigar sobre el teatro del siglo XX, resumir y contarlo.

Contenidos funcionales:
- Expresar gustos y valoraciones.
- Hablar de posturas y estados de ánimo.
- Proceso prototípico de argumentación.
- Preguntar por deseos.
- Reanudar un discurso y concluir.

Contenidos lingüísticos:
- Perífrasis verbales: *echarse a, ponerse a.*
- Oraciones modales con indicativo y subjuntivo: *como si* + imperfecto/pluscuamperfecto de subjuntivo.
- Expresiones de valoración: *considero/me parece* + subjuntivo.
- Preguntar por deseos: imperfecto y pluscuamperfecto de subjuntivo.

Contenidos léxicos:
- Colores/formación de palabras.
- Expresiones con colores.
- Materias y técnicas.
- Estados de ánimo y posturas.
- Expresiones de teatro y arte.

Contenidos culturales:
- Figuras del arte y el teatro hispano contemporáneos.
- Festivales y ferias de arte.
- Supersticiones en teatro.

1 Arte contemporáneo

1.1. ¿Qué color elegiste en la unidad 1? ¿Te gustaría saber qué carácter se relaciona con cada color? Lee los siguientes textos y asócialos al color correspondiente.

1. ....: responde a una mente racional, objetiva y de gran poder analítico para resolver los problemas. Es la síntesis de todos los colores: por un lado, simboliza la pureza, perfección, verdad, inocencia, firmeza, obediencia, elocuencia y perdón. En su lado negativo puede representar frialdad, poca vitalidad, vacío y ausencia.

2. ....: es la negación de todos los colores, representa la noche, la nada, el abismo, la oscuridad. Significa rigor, honestidad, seriedad, elegancia, pero también el miedo y la inconsciencia. Es propio de personalidades cautelosas ante los cambios abruptos y poco extrovertidas, que prefieren la soledad y su rico mundo interior.

3. ....: el más cálido de los colores, estimula y dinamiza. Significa fortaleza, amor, entrega, sacrificio y optimismo y también sangre, fuego, agresividad y pasiones a flor de piel. Es el color de las personas seguras de sí mismas, abiertas e impulsivas y sin miedo a afrontar retos.

4. ....: color del sol y del oro, significa luz, inteligencia, constancia y nobleza. Pero también envidia, avaricia e hipocresía. Identifica a personas imaginativas y optimistas con una visión brillante de la vida. Son de naturaleza alegre, espontánea y solidaria con sus seres próximos.

5. ....: significa humildad, sabiduría, intuición, recogimiento, religiosidad, tolerancia. Pero también nostalgia, melancolía, conformismo y soledad extrema. Color propio de arrepentidos y personas tendentes a la depresión que resultan misteriosas a los de su alrededor.

6. ....: el más frío de los colores. Simboliza fidelidad, justicia, verdad y caridad. Pero también miedo y desvarío. Representa a gente estable y entregada en el amor. Personas conservadoras, tranquilas y que saben escuchar a los demás.

7. ....: color de la naturaleza en primavera. Significa esperanza, fe, respeto, servicio y amistad. Pero también angustia y ansiedad. Es un color refrescante, optimista y reparador. Quienes optan por este color suelen resolver sus problemas con mucho sentido del humor. Personas apegadas a la familia y su entorno.

8. ....: color del plomo, del tiempo lluvioso, de las rocas. Como el beis y el marrón, es un color neutro que evoca el recuerdo de la infancia. Su significado es más favorable cuando aparece limpio y claro y no sucio y oscuro. Simboliza sensatez, experiencia, sentido común y justa medida entre emotividad y racionalidad. Pero puede significar depresión, indiferencia, astucia y engaño.

Textos adaptados de: http://casaoriginal.com/ideas-y-consejos/colores-personalidad/

1.1.1. Habla con tu compañero sobre tus colores favoritos y comentad si estáis de acuerdo con la información anterior.

1.1.2. **[5]** Para definir un color podemos recurrir a sufijos y prefijos, o bien añadir palabras que refuercen su tonalidad. También usamos la expresión *tirando a...* Escucha los siguientes colores y completa el cuadro.

PREFIJOS Y SUFIJOS	COLOR + SUSTANTIVO/ADJETIVO
[1] Rosáceo, ..., verdoso, ..., blancuzco, ..., rojizo, ..., plateado, dorado, ... [2] Azulado, ..., anaranjado.	[3] .... perla. .... pistacho/botella/.................. Azul cielo/..................../turquesa/eléctrico. Amarillo ..../................... ..../palo. Rojo ....

1.2. Te presentamos nombres de artistas hispanos contemporáneos consagrados, ¿has oído hablar de ellos? Coméntalo con tu compañero.

1. TÀPIES   **2.** MIQUEL BARCELÓ

3. ISABEL MUÑOZ   **4.** JUAN GENOVÉS

5. MANUEL ÁLVAREZ BRAVO   **6.** ALBERTO GARCÍA-ALIX

7. JAUME PLENSA   **8.** FRANCISCO LEIRO

9. SUSANA SOLANO

Museo Guggenheim (Bilbao)

1.2.1. En parejas, leed los textos sobre dichos artistas que se encuentran repartidos por la clase y buscad vocabulario relativo al mundo de las artes para completar las siguientes columnas.

MATERIALES	TÉCNICAS	HERRAMIENTAS	MOVIMIENTOS ARTÍSTICOS

1.2.2. Subraya las palabras que no conozcas y pide a tus compañeros que te las expliquen si las saben. Repartid las palabras desconocidas para todos y buscadlas en el diccionario: explicad al resto de la clase su significado.

1.2.3. Elige uno de los artistas anteriores, busca en Internet sus obras y presenta a la clase la pieza suya que más te haya interesado.

1.2.4. He aquí algunas obras de otro artista español: el fotógrafo José Luis Santalla. Habla con tu compañero de lo que te sugieren dichas obras y completa el cuadro con tus opiniones: las expresiones que se emplean para expresar gustos y valoraciones te ayudarán.

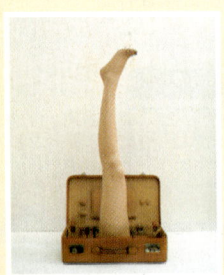

José Luis Santalla

Valorar una obra de arte

- *Lo veo/Lo encuentro* + adjetivo (*alucinante, horrible*)
  Ej.: ....

- *Lo veo/Lo encuentro* + SN (*un aburrimiento, una maravilla*)
  Ej.: ....

- *Considero/Me resulta* + adjetivo/SN + *que* + subjuntivo
  Ej.: Me resulta muy extraño que hayan...
  Ej.: ....

Expresar gustos

- *¡Cómo me gusta!*   - *¡Cuánto me gusta!*   - *¡Me interesa un montón!*
- *Detesto/No soporto que* + subjuntivo
  Ej.: De todas, la que menos me interesa es...

1.3. Las poéticas y metafóricas fotografías del artista madrileño Chema Madoz nos remiten al trabajo literario de Ramón Gómez de la Serna. Busca en la web del autor fotos que sirvan para ilustrar las siguientes greguerías y discute tu elección con tus compañeros.

a. De la pipa salen medias de humo.

c. La botella vacía aumenta la soledad.

b. El amor a primera vista no necesita gafas.

d. Saturno es el único astro legalmente casado del cielo.

Unidad 3

Exposición de Chema Madoz

1.3.1. Lee estas nuevas greguerías y selecciona una con tu compañero: haced un dibujo que ilustre lo que os sugiere, o bien, imaginad cómo sería su fotografía.

- ¡Ojo!: la muerte llega sin sentirla porque se pone nuestras zapatillas.
- Las cigüeñas tijeretean el cielo.
- El miedo enluta.
- Amor: que unos ojos encajen exactamente en otros.
- Las ranas son los espías que los peces tienen para vigilar la tierra.
- La sombra nos alarga los pantalones.
- El erudito se hace la casa con ladrillos de libros.
- El caracol con los ojos en los cuernos es el primer animal que tuvo periscopio.

1.3.2. Presentad vuestros trabajos al resto de la clase que debe adivinar la greguería que se está ilustrando. Cread un cartel con las imágenes de todos que incluya el texto correspondiente.

1.4. Te presentamos algunas expresiones coloquiales con colores y su significado. Dividid la clase en dos equipos y jugad al tres en raya para practicarlas. Inventa una situación donde se puedan usar.

1. Ser un marrón (una situación) Tarea o situación que resulta ingrata o tediosa de realizar.	2. Estar como una rosa Gozar de un buen estado de salud.	3. Estar sin blanca No tener nada de dinero.
4. Quedarse en blanco Olvidar lo que se tenía en la mente por un instante.	5. Ponerse morado/a Comer mucho y bien.	6. Poner verde a alguien Criticar o hablar mal de una persona.
7. Dar luz verde a algo Conceder permiso para hacer una tarea.	8. Pasarlas moradas/negras/ canutas Sufrir una racha de mala suerte.	9. Tener la negra Se dice ante una situación apurada, de riesgo o de peligro.

1.4.1. Habla con tu compañero y practica las expresiones anteriores.

¿Cuándo fue la última vez que...

1. te quedaste en blanco en un examen?
2. las pasaste moradas en una situación?
3. estuviste sin blanca?
4. te pusiste morado/a?
5. tuviste que aguantar un marrón?
6. te sentiste como una rosa?
7. ....
8. ....

Etapa 12. Nivel B2.3

I.5. **Escucha un audio sobre los beneficios de la enseñanza del arte en el aprendizaje que ilustra los pasos para hacer una argumentación fundamentada. Relaciona las palabras del recuadro con el texto correspondiente.**

ARGUMENTAR

| **1.** Planteamiento cuestión polémica | **2.** Opinión o tesis | **4.** Argumento 1 | **6.** Contraargumento | **8.** Reserva |
| | **3.** Regla general | **5.** Fuente | **7.** Argumento 2 | **9.** Conclusión |

☐ **a.** En resumen, el aprendizaje ocurrido en contextos donde se desarrollan actividades artísticas genera experiencias significativas que cargan de interés el contenido de lo aprendido. Si se da más valor al arte dentro del sistema escolar, los resultados tendrán implicaciones para este y para la vida fuera de la escuela.

☐ **b.** Es evidente que no se puede afirmar que la integración del arte en nuestras escuelas lleve al éxito seguro, no cabe pensar sino en tantos artistas que han sufrido fracaso escolar.

☐ **c.** Por otra parte, se puede observar que el poco valor que muchos sistemas escolares dan a la educación artística se transmite a la sociedad, por lo que muchas veces, los alumnos interesados en el arte son menospreciados por sus compañeros, lo que puede hacer que se pierdan futuros genios de esta disciplina.

☐ **d.** Se ha dicho que la formación artística no es una asignatura imprescindible en la Enseñanza Secundaria.

☐ **e.** No olvidemos que el pensamiento creativo se desarrolla a través de las artes, y en caso de ser estimulado a temprana edad, permanece durante largo tiempo en el individuo y puede ser aplicado a diferentes ámbitos de la vida.

☐ **f.** El arte estimula la capacidad de aprendizaje, dado que a través de este se trabajan habilidades diferentes a las de tipo lógico sobre las cuales está basada la educación tradicional. Se ha acumulado evidencia acerca de que el arte ayuda al aprendizaje en áreas específicas tales como lectura, escritura y creatividad.

☐ **g.** Un estudio del Departamento Federal de Educación de Estados Unidos ha constatado que las artes ayudan a desarrollar habilidades específicas. El dibujo ayuda a la escritura, las canciones y la poesía ayudan a la memorización y los movimientos creativos ayudan a entender otras culturas, sus historias, símbolos, mitos, valores y creencias.

☐ **h.** Para empezar, las artes pueden tener también un impacto poderoso en los ambientes educativos, convirtiendo el aula en un entorno estimulante, y llegar a estudiantes que no son estimulados a través de otros métodos. Asimismo, es capaz de conectar a los estudiantes con ellos mismos y los demás, e incluso constituye un desafío y fuente de motivación para aquellos estudiantes que ya son destacados.

☐ **i.** El arte como asignatura es fundamental, aunque habrá que convencer a la sociedad de su utilidad.

Adaptado de http://resonando.wordpress.com/2006/08/11/el-arte-en-el-aprendizaje/ y PCIC

I.5.1. **Elige una de las siguientes frases acerca del arte y prepara una exposición de la misma con argumentos bien organizados para discutirlos posteriormente.**

- No existe otro camino para desarrollar la racionalidad del ser humano sensible, que desarrollar primero su sentido estético. (*Friedrich Schiller*)
- Lo útil es bello, y por lo tanto, es arte.
- El arte, o te apasiona o te horroriza, pero nunca te deja indiferente.
- El arte reside en el espectador y no en la obra o el artista.
- El arte moderno es una tomadura de pelo.
- Los grafitis y tatuajes también son arte.
- El arte debe ser parte fundamental de la educación.

Unidad 3

1. Planteamiento cuestión polémica	
2. Opinión o tesis	
3. Regla general	
4. Argumento 1	
5. Fuente	
6. Contraargumento	
7. Argumento 2	
8. Reserva	
9. Conclusión	

1.5.2. 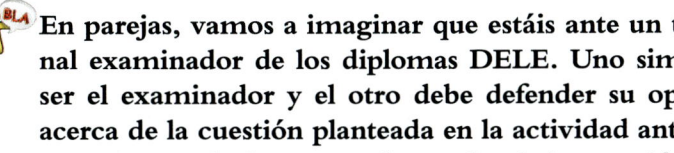 **En parejas, vamos a imaginar que estáis ante un tribunal examinador de los diplomas DELE. Uno simulará ser el examinador y el otro debe defender su opinión acerca de la cuestión planteada en la actividad anterior. Las recomendaciones para la prueba de interacción oral B2 que proporciona el Instituto Cervantes os ayudarán.**

CONVERSACIÓN

5 min. aprox.

- En esta parte del examen se espera que el candidato sea capaz de interactuar en un diálogo de manera adecuada, expresando opiniones, justificándolas, aportando ejemplos, anécdotas o recurriendo a cualquier otra estrategia conversacional al uso.

- Esfuércese por hacer fluida la conversación: evite que el entrevistador se vea obligado a convertirla en un interrogatorio por la excesiva brevedad de sus respuestas. Intente dar explicaciones, justificaciones y puntos de vista de forma natural: es una forma de tener un cierto control sobre su propia actuación y llevar la conversación hacia aspectos que le resulten más cómodos.

2 Hacemos teatro

2.1. [7] **Te presentamos la letra de la canción *Puro teatro* de la cantante cubana La Lupe, auténtica reina de la música caribeña de los años 60. Intenta colocar en el lugar correcto estas cinco palabras que se han movido de sitio. Después, escucha y comprueba.**

Igual que en un (1) **telón** finges tu dolor barato,
tu (2) **actuación** no es necesario, ya conozco ese teatro.
Mintiendo, ¡qué bien te queda el (3) **drama**!,
después de todo parece que esa es tu forma de ser.
Yo confiaba ciegamente en la fiebre de tus besos,
mentiste serenamente y el (4) **papel** cayó por eso.

Teatro, lo tuyo es puro teatro,
falsedad bien ensayada, estudiado simulacro.
Fue tu mejor (5) **escenario** destrozar mi corazón
y hoy que me lloras de veras,
recuerdo tu simulacro
perdona que no te crea, me parece que es teatro.

2.1.1. Completa el siguiente cuestionario con más preguntas relacionadas con el mundo del teatro para hacer a tus compañeros y comenta las respuestas con el resto de la clase.

1. ¿Vas a menudo al teatro?
2. ¿Puedes nombrar tres grupos de teatro contemporáneo de tu país?
3. ¿Cuál fue la última obra que viste? ¿De qué iba?
4. ....
5. ....
6. ....

2.2. Vas a leer una escena de *Después de la lluvia* del dramaturgo catalán Sergi Belbel. Mira las siguientes palabras e imagina de qué trata la obra. Discútelo con tus compañeros.

> Empresa de finanzas ■ Azotea ■ Fumar ■ Angustias
> Soledad ■ Arribismo ■ Ligar ■ Lluvia

SERGI BELBEL
Después de la lluvia

DESPUÉS DE LA LLUVIA
de SERGI BELBEL

2.2.1. En dos grupos, leed parte de la última escena de la obra de Belbel y completad los espacios en blanco con las palabras cuyas definiciones tenéis debajo.

Alumno A

SECRETARIA RUBIA: ¡Ah, este es el último!

SECRETARIA PELIRROJA: Ah, ¿sí?

S.R.: No sé muy bien lo que está pasando, pero sé que algo gordo está pasando, ¿tú qué opinas?, ¿cuál es tu teoría sobre lo que está pasando?

S.P.: ¿Teoría? No te entiendo.

S.R.: Ay, cariño, ¿qué tienes?, no pareces la misma.

S.P.: Ah, ¿no?

S.R.: Ooooh, todo el mundo está enfermo, todos están fataaaal. ¿Sabes por qué te he dicho que este va a ser el último cigarrillo que nos fumamos?

S.P.: No.

S.R.: El Jefe de Personal me ha convocado en su despacho y ha dicho que iba a (1)_____ con tres meses sin sueldo por subir aquí a fumar, dice que sabe perfectamente quiénes somos y que nos tiene controlados; yo he adivinado enseguida por dónde iban los tiros, he visto lo que había pasado, porque para estas cosas no tengo un pelo de tonta, ya lo sabes, y sin pensármelo dos veces voy y le digo con todo el desca-

ro que me caracteriza: ¡así que se ha ligado al (2)_____ del ascensorista, ¿eh?!, qué mal, hijo mío, qué mal, le digo, porque el nene ese le está tomando el pelo, pero ¿no se da cuenta?, ¿no ve que el (3)_____ ese hace mucho que sabe que unos cuantos subimos aquí a fumar y ha esperado a ligárselo a usted y a chivarse en el mejor momento?, lo que es el (4)_____ ese es un escalador, hombre, y lo está utilizando a usted vilmente para conseguir el cargo de Jefe de Selección de Personal, ¿a ver, a ver?, le digo, seguro que ya tiene aquí encima de la mesa algún papel con la solicitud del nombramiento; y yo voy y le desordeno todos los papeles de la mesa de un manotazo, ¡oh, si hubieras visto su cara!... un poema; ha empezado a (5)_____ y a toser y a tartamudear y (6)_____ tres o cuatro palabras: que no, que no, que no me sancionaría y que me largara inmediatamente de su despacho; pero esto no es nada, cariño, agárrate que ahora viene lo bueno...

Definiciones del vocabulario para rellenar los huecos

1. (v.) Aplicar un castigo.
2. (adj. coloq.) Dicho de una persona: que acusa en secreto y cautelosamente.
3. (sust. coloq.) Niño o joven.
4. (adj. despect.) Dicho de un niño: atrevido o malmandado.
5. (v.) Atravesarse algo en la garganta de forma que provoca ahogo o asfixia.
6. (v.) Hablar o leer con pronunciación dificultosa o vacilante.

Alumno B

...Nada más salir de su despacho, me encuentro a mi jefe llorando, ¡mi jefe llorando!, él que siempre dice que eso de llorar lo encuentra antiestético y tal, imagínatelo con los ojos rojos rojos, llenos de (7)............................ amarillas, la nariz llena de mocos verdes y la boca con burbujitas de saliva y un hilillo de (8)............................ cayéndole hasta la solapa de la americana, otro poema; yo le pregunto: pero, ¿qué le ha pasado, jefe?, y él me dice que acaban de retirarle la paternidad legal de su hija y que quiere convertirse en un vegetal: ¡quiero ser una zanahoria, quiero ser una zanahoria!, gritaba, imagínatelo al pobre, ya sabía yo que acabaría como un (9)............................, también; y espérate, cariño, que no acaba aquí la cosa; acompaño a mi jefe al lavabo, (...) y me encuentro a la de Selección de Personal, la morena, la (10)............................, con toda la cara llena de sangre, ¿pero chiquilla cariño hija mía?, le digo, ¡parece que acabes de pelearte con un león!, ¡con una leona!, me dice ella, una que acaba de clavarme las uñas en la cara, y va y resulta que la leona no es ni nada más ni nada menos que tu jefa, y cuando le pregunto a la morena que por qué le ha hecho eso, me dice que por defender a la de Relaciones Públicas que resulta que, ahora agárrate, cariño, agárrate fuerte, no vayas a (11)............................ porque esto sí que es una bomba: ¡acaban de ascenderla a Directora Adjunta de la Empresa!, sí, chica, sí, oh, por poco me da un colapso a mí también, ¡se han vuelto loooocos, se han vuelto loooocos!...

Definiciones del vocabulario para rellenar los huecos

7. (sust.) Sustancia acuosa de los ojos que se forma al dormir (en plural).
8. (sust.) Sustancia acuosa que cae de la boca de los bebés con frecuencia.
9. (sust.) Especie de campanita que llevan las vacas colgada del cuello.
10. (adj. coloq.) Persona vulgar y sin distinción.
11. (v.) Caerse al suelo por pérdida del sentido.

2.2.2. **Formad parejas (A y B). Cuenta a tu compañero el argumento del texto que acabas de leer y explícale el vocabulario que has aprendido.**

2.2.3. **Busca las palabras correspondientes a las siguientes definiciones y escucha la continuación de la escena de esta obra teatral para corregirlas.**

[1] (adj. coloq.) Persona que se encuentra bajo los efectos de una droga. ▶ ....
[2] (adj. coloq.) Persona sin gracia ni humor. ▶ ....
[3] (adj.) Se dice de la persona que parece estrabismo, desviación de la mirada. ▶ ....
[4] (v. coloq.) Irse de un lugar sin despedirse. ▶ ....
[5] (v.) Sincerarse o contar las penas con el fin de tranquilizarse. ▶ ....

2.3. **Lee ahora los textos completos y busca expresiones coloquiales y colocaciones léxicas: discute su significado con tu profesor y el resto de compañeros.**

Expresiones coloquiales	Colocaciones léxicas

2.3.1. Algunos de los verbos anteriores suelen ir además combinados con otra serie de palabras: marca la opción correcta.

	Dar	Arrear	Morderse	Reponerse de...	Tener... desencajado/a	Chillar (como...)	Agárrate que...	Clavar
1. Un cuchillo, un clavo, una puñalada, un cuadro.	☐	☐	☐	☐	☐	☐	☐	☐
2. Que vienen curvas.	☐	☐	☐	☐	☐	☐	☐	☐
3. Una ruptura, un divorcio, una separación, los fracasos, la derrota.	☐	☐	☐	☐	☐	☐	☐	☐
4. Un patatús, un ataque, un síncope, un desmayo, algo en la nariz.	☐	☐	☐	☐	☐	☐	☐	☐
5. La mandíbula, el hombro.	☐	☐	☐	☐	☐	☐	☐	☐
6. Una patada, un puñetazo, una paliza.	☐	☐	☐	☐	☐	☐	☐	☐
7. Un loco, un demente. No parar de…	☐	☐	☐	☐	☐	☐	☐	☐
8. Las uñas, los labios, los dedos.	☐	☐	☐	☐	☐	☐	☐	☐

2.3.2. En tríos, uno de vosotros no podrá ver la expresión que vuestro profesor escribirá en la pizarra. Con las definiciones que te dará tu equipo, tienes que adivinarla.

2.4. [9] Los textos teatrales están repletos de acotaciones que indican la postura del actor y su estado de ánimo. Escucha el audio y coloca en cada columna el vocabulario correspondiente.

Léxico de posturas	Léxico de estados de ánimo

2.4.1. Mira el vocabulario anterior y busca en el diccionario o pregunta a tu profesor las palabras que no entiendas.

2.4.2. Dividid la clase en tres grupos y cada uno elegid uno de los siguientes textos. Leedlo en alto: el resto de los equipos tiene que seguir vuestras instrucciones. Al final, decidid qué grupo ha hecho una mejor labor de equipo.

Equipo A

A ver, volvemos a repetir. Los chicos, risueños, poneos de pie rápidamente, como si alguien os hubiera pinchado en la planta del pie; entonces las chicas, os encogéis de hombros y cruzáis los brazos. Os movéis hacia la pared dando la espalda a los chicos. Estos, como si estuvieran molestos, se sentarán de nuevo cruzando las piernas. Por favor, hacedlo despacio según os hemos dicho.

Equipo B

Moveos como queráis durante cinco segundos, como si estuvierais en una escena de danza contemporánea y después, agachaos petrificados y asombrados. Finalmente, poneos a gritar un segundo y quedaos de nuevo en silencio, mudos como una piedra.

Equipo C

Temerosos, bailad por el centro de la clase como os salga del alma. A continuación, deteneos y arrodillaos gimiendo. Al instante, echaos a llorar desconsoladamente.

2.4.3. [R] **Observa los textos anteriores y completa el cuadro gramatical.**

Expresar...

Expresar modo	Perífrasis verbales
1. Valor de desconocimiento + presente subjuntivo – .... – *Como queráis.* **2.** Valor de conocimiento + indicativo – .... **3.** Expresiones con *como/según* + tiempos pasados de subjuntivo pueden ser sustituidas por un participio "absoluto". – *Como si os hubieran pinchado en...* (molestos/doloridos). – .... –	**1.** *Ponerse a* + infinitivo = empezar a hacer algo. – .... **2.** *Echarse a* + infinitivo = indica el inicio de una acción de forma repentina o inesperada. – .... **Verbos de cambio** **1.** *Quedarse* + adjetivo/preposición + sustantivo = expresa un cambio de estado. – ....

2.5. ✎ **En la escena final de *Después de la lluvia* que acabáis de leer y escuchar, la Secretaria Rubia hace un largo monólogo en estilo indirecto. En grupos, tenéis que reescribir el texto en forma de diálogos y hacer las acotaciones que consideréis necesarias en el texto, indicando posturas, modo de hacer las cosas, estados de ánimo, etc.**

Ejemplo

Jefe de personal: *(Sentado con las piernas cruzadas, nervioso, como si tuviera miedo de que le pillen en algo)* Pase, por favor, a mi despacho. Vamos a sancionarla con tres meses sin sueldo por subir a fumar, *(iracundo)* sé perfectamente quiénes son, les tengo controlados.

Secretaria rubia: *(Apoyada en la puerta, cínica)* Ya veo, ya… Así que se ha ligado al chivato del ascensorista, ¿eh?, *(moviendo la cabeza de arriba a abajo)* ¡qué mal, hijo mío, qué mal!, *(con aire satisfecho)* porque el nene ese le está tomando el pelo...

2.5.1. **Es el momento de preparar la escena. Cada grupo va a repartir los siguientes roles para atender a todos los detalles de una representación teatral: elegid el que más os guste.**

Actores

Mirad muy bien las acotaciones e intentad memorizar parte del texto.

Director/a

Controla que todo el mundo está en su puesto y que los diálogos tienen la entonación adecuada.

Diseñador/a

Busca por la clase todos los objetos que ayuden a crear un ambiente más teatral.

Cámara

Si los demás están de acuerdo, te encargarás de grabar la escena y proyectarla después.

Lingüistas

Estaréis pendiente de anotar los errores cometidos para hacer una corrección posterior. Fijaos también en aspectos como gestos, entonación, adecuación al contexto, registro, estrategias de comunicación, etc.

Ejemplo

A: Eliza, ¿te gustaría ser la Secretaria Rubia? Es que con ese pelo tan bonito que tienes te pega un montón.

B: Sí, sí, sí. No te lo pienses dos veces, te va genial el papel.

C: Pues yo me pido ser el diseñador, ¡por favor!

2.5.2. Preparad bien vuestros roles y cuando estéis listos empezará la función: todo el mundo a sus puestos.

2.5.3. Los lingüistas de la clase van a anotar los errores de todo tipo cometidos durante la representación en la pizarra. Juntos, debéis pensar en cómo corregirlos.

3 Escena contemporánea

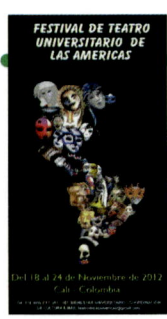
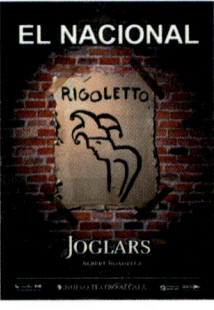

3.1. Vamos a conocer algo más del teatro hispano contemporáneo. En parejas o individualmente, elegid uno de los temas siguientes (u otro que prefiráis) y buscad información que os interese en Internet para compartir con los demás.

- Teatro español desde 1936 hasta los 70.
- Teatro español a partir de los 70.
- Teatro experimental de Cali.
- Teatro cubano: EITALC (Escuela internacional de teatro de América Latina).
- Teatro en Venezuela.
- Teatro de México en la segunda mitad del siglo XX.

3.1.1. Exponed al resto de la clase la información obtenida y rellenad el siguiente cuadro.

País/época	Autores representativos	Obra	Temas

3.2. Escucha algunas supersticiones que existen en el ambiente teatral y anota al menos tres de ellas.

Supersticiones del mundo del teatro

3.3. Mira las siguiente expresiones coloquiales relacionadas con el teatro y el arte e intenta averiguar su significado.

1. Ser un/a teatrero/a. •
2. ¡Menudo gallinero! •
3. Ser una farsa. •
4. Ser un/a payaso/a. •
5. Hacer mutis por el foro. •
6. Ser un galán. •
7. Ser una alcahueta. •
8. Ser una marioneta. •
9. Tener mucho arte. •
10. Ir hecho un pincel. •
11. Ir hecho un cuadro. •
12. Ser un cuadro. •

• a) Persona que actúa de forma poco seria.
• b) Persona que finge con facilidad.
• c) Se dice de una persona que actúa con elegancia y buen quehacer.
• d) Ser una mentira absoluta y elaborada.
• e) Vestir de forma elegante.
• f) Se dice de un hombre seductor.
• g) Ser una celestina.
• h) Vestir con mal gusto.
• i) Se dice de alguien que deja manejarse con facilidad.
• j) Se dice cuando la gente hace mucho ruido o habla muy alto.
• k) Desaparecer sin avisar.
• l) Se aplica a algo o alguien de mal gusto o comportamiento extravagante.

3.3.1. En grupos, elegid una de las expresiones anteriores y dibujadla en la pizarra para que la adivine el equipo contrario.

3.4. Ponte de pie y haz a tus compañeros las siguientes preguntas para adivinar si la información es verdadera o falsa.

[1] A dos personas de clase les apetecería ir a ver una obra de teatro esta semana.
[2] A nadie le hubiera gustado ser actor/actriz en vez de su actual profesión.
[3] Dos personas de pequeñas soñaban con un mundo mejor.
[4] A todos os habría gustado ver una exposición de arte contemporáneo el fin de semana.
[5] Una persona tiene unas ganas enormes de conocer a un famoso hispano, ¿a quién?
[6] Querría celebrar su cumpleaños invitando a un grupo de teatro a su casa.
[7] Una persona no disfruta demasiado en teatros y museos.

3.4.I. Observa las formas para preguntar por deseos empleadas en el cuestionario y completa el cuadro.

> **Fórmulas para preguntar por deseos**
>
> **1.** ¿Te apetecería...?
> **2.** ¿Te ....?
> **3.** ¿Soñabas de pequeño con.../con que...?
> **4.** ¿Te ....?
>
> **5.** ¿Tienes una ganas enormes de...?
> **6.** ¿...?
> **7.** ¿No disfrutas demasiado en.../con...?

3.5. Si estáis interesados en el tema, podéis formar grupos e informaros un poco más acerca de la escena artística y teatral del mundo hispano.
Leed algunas posibles ideas que os presentamos y, en grupos, buscad información para contar a vuestros compañeros.

MUSAC

- Museos de Arte Contemporáneo en España y mundo hispánico: MUSAC (León), MCARS (Madrid), MACBA (Barcelona), Guggenheim (Bilbao), etc.
- Ferias internacionales de arte como ARCO (España).
- Festivales de teatro de Mérida, el Festival Grec, el de Bogotá o Ciudad de México.
- Centros culturales y multidisciplinares de alguna ciudad hispana de vuestro interés: La Casa Encendida (Madrid), etc.

4 Diario de aprendizaje

4.I. Para ayudarte en la elaboración del proyecto final, completa el siguiente diario.

En esta unidad

- Mis impresiones generales sobre la unidad son **positivas/neutras/negativas**.
- Me he sentido .... porque ....
- ¿Con qué temas hemos trabajado? ¿Cuál te ha gustado más y cuál menos?
  ▶ ....
- ¿Qué aspectos gramaticales han sido nuevos para ti? ¿Te han resultado difíciles?
  ▶ ....
- ¿Qué palabras y expresiones quieres recordar?
  ▶ ....
- Organízalas de manera que sea fácil recordarlas, puedes hacer un mapa mental teniendo en cuenta temas, combinaciones posibles...
  ▶ ....
- ¿Lo tienes todo claro? ¿Crees que tienes que repasar algo?
  ▶ ....

Unidad 4

El proyecto

Tareas:
- Elegir un tema para elaborar una unidad didáctica.
- Diseñar actividades para practicar los contenidos de esta unidad.
- Hacer las tareas de la unidad didáctica elaborada por el otro equipo.
- Evaluar los conocimientos adquiridos.

Contenidos funcionales:
- Hacer advertencias y dar consejos.
- Expresar condiciones poco probables o imposibles en presente o futuro.
- Expresar y preguntar por la habilidad.
- Expresar necesidad.
- Expresar la concesión.

Contenidos lingüísticos:
- *Lo mejor/aconsejable/recomendable sería que...*
- *Como* + presente de subjuntivo.
- *Te advertimos/avisamos que...*
- 2.ª condicional: *Si* + imperfecto de subjuntivo, condicional.
- *¿Tienes facilidad para...?/¿Se te da bien...?*
- *Es imprescindible/Hace falta...*
- Conectores concesivos.

Contenidos léxicos:
- Repaso.

Contenidos culturales:
- Redes sociales.
- Concursos de televisión.

I. Nos preparamos

I.1. Recuerda los contenidos trabajados en el nivel y completa el siguiente cuestionario.

1. Tus razones para estudiar español son
2. Normalmente *duermes como un lirón/te pasas las noches en vela*/otro
3. Tu postura al dormir es
4. Tu mayor placer en momentos de ocio es
5. Te consideras una persona juerguista, pija o
6. Te produce estrés
7. Ahora mismo te gustaría estar en (un lugar en el mundo)
8. Lo que más te indigna en el mundo es
9. ¿Te consideras una persona más cerebral o sensitiva?
10. Soy hincha de

I.1.1. Haz el cuestionario al resto de tus compañeros y busca a la gente más afín a ti para crear dos equipos de trabajo.

I.2. Te presentamos algunos temas para que decidas con tu grupo sobre cuál queréis trabajar. En primer lugar, escribe los puntos fuertes y débiles de cada uno para ayudarte en la elección.

Tema	Puntos fuertes	Puntos débiles
Viajes y países	Soy agente de viajes. Me interesa viajar. Conozco un montón de países.	
Gastronomía		No me gusta probar platos nuevos. Detesto cocinar.

Costumbres y fiestas		
Ecología		
Ocio y tiempo libre		
Medios de comunicación		
Personas y personalidades		
Otros		

1.2.1. Pon en común con tu equipo la información anterior y elegid el tema sobre el que vais a preparar vuestro proyecto.

1.3. Revisa los contenidos de las unidades anteriores de esta Etapa 12 y fíjate en tus diarios para saber qué te gustaría trabajar más o repasar. Haced una lista en grupo con los intereses comunes.

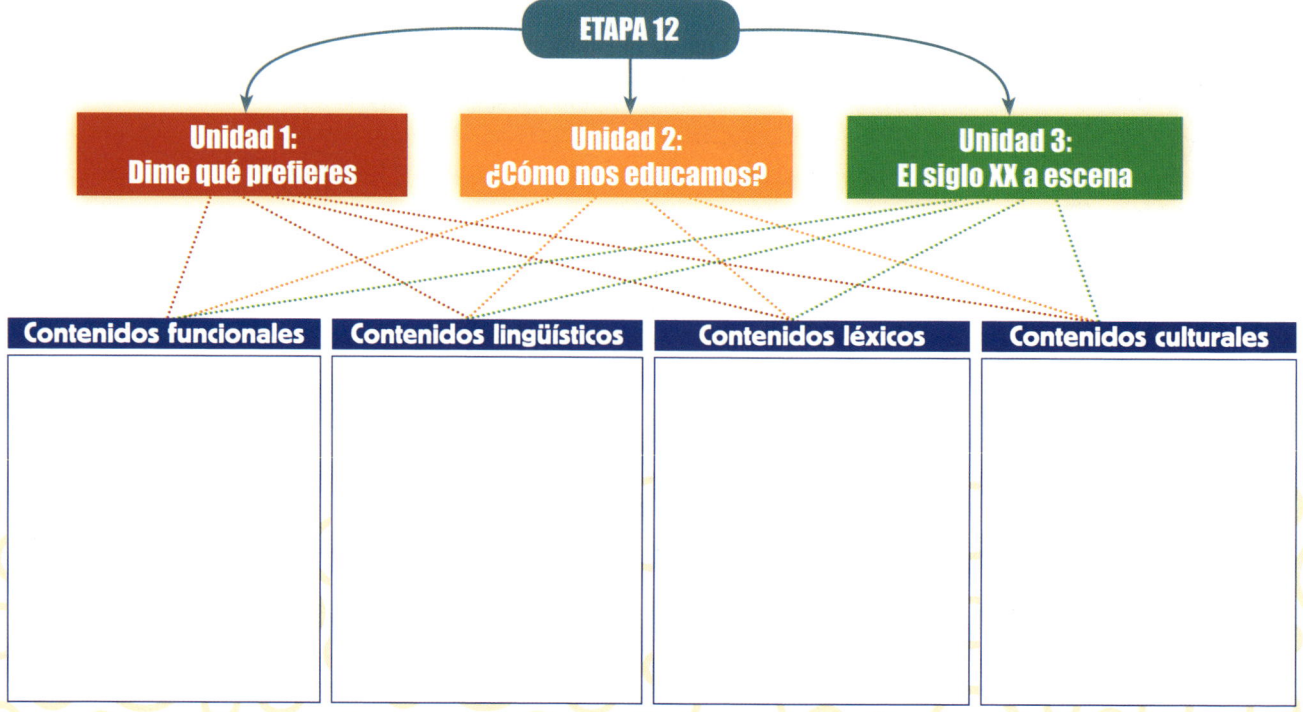

1.3.1. Completa la parrilla de contenidos de tu proyecto en la ficha que te va a dar tu profesor.

2 Preferencias, intereses y curiosidades

2.1. ¿Conoces bien a tu compañero? En parejas, imagina qué haría en las situaciones siguientes, marca la posible respuesta y confirma tus hipótesis preguntándoselo.

Recuerda:

Para referirnos a condiciones poco probables o imposibles en el presente o futuro, utilizamos la estructura de la segunda condicional: *Si* + imperfecto de subjuntivo + condicional.

– *¿Qué harías si te enteraras de que tu profesor de español es un extraterrestre?*

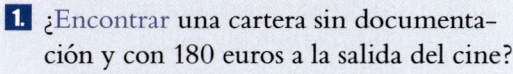

¿QUÉ CREES QUE HARÍA TU COMPAÑERO/A SI...?

A

1. ¿Encontrar una cartera sin documentación y con 180 euros a la salida del cine?
- **a.** Quedártela.
- **b.** Dejársela a la taquillera.
- **c.** Llevarla a objetos perdidos.

2. ¿Ofrecerte un trabajo muy bien pagado en el Polo Norte?
- **a.** Rechazarlo.
- **b.** Aceptarlo.
- c. Ir de prueba seis meses.

3. ¿Ser seleccionado para un concurso de televisión?
- **a.** No ir.
- **b.** Ir.
- **c.** Mandar a un amigo.

4. ¿Recibir una matrícula de honor por error en su examen de español?
- **a.** Comunicarlo al profesor.
- **b.** No decir nada.
- **c.** Celebrarlo.

5. ¿Sorprender a la pareja de su mejor amigo/a con otro/a?
- **a.** Decírselo a su amigo/a.
- **b.** No decir nada.
- **c.** Hacerles chantaje.

B

1. ¿Encontrar una noche a su jefe/a borracho en un bar?
- **a.** Irse de copas con él/ella.
- **b.** Contarlo en el trabajo.
- **c.** Pedirle un aumento de sueldo.

2. ¿Descubrir que un amigo roba en los grandes almacenes?
- **a.** Romper su amistad.
- **b.** Hablar con él.
- **c.** No decir nada.

3. ¿Sorprender a su pareja con otro/a?
- **a.** Abandonarlo/a.
- **b.** Hablar con él/ella civilizadamente.
- **c.** Llorar desconsoladamente.

4. ¿Invitarle a cenar algo que odia?
- **a.** Comerlo.
- **b.** No comerlo y dar una excusa.
- **c.** Simular que lo come y guardarlo en el bolsillo.

5. ¿Encontrar documentos comprometidos sobre tu político favorito?
- **a.** Publicarlos en un periódico.
- **b.** Destruirlos.
- **c.** Guardarlos.

2.1.1. Y ahora vosotros: elegid estructuras y vocabulario para preparar un cuestionario para hacer a los compañeros. Completad la actividad 1 de vuestro proyecto.

Etapa 12. Nivel B2.3

2.2. **Si tuvieras que prescindir de uno de los objetos que se proponen en el texto, ¿de cuál lo harías? Habla con tus compañeros y argumenta tus respuestas.**

Facebook

Dirección: http://www.facebook.com

facebook | Buscar

Adolfo Sanz | Inicio | ▼

- Muro
- Información
- Fotos (120)
- Notas
- Amigos
- Suscripciones

¿Televisión, móvil o Internet?

En la última encuesta global mensual de *Reader's Digest*, 11 de 15 países aseguran que apagarían la televisión antes que sus móviles o Internet. ¿Y tú?

Adolfo Sanz dice:
Yo lo tengo claro: antes muerto que perder Internet, paso de la tele y no digamos del móvil, este lo considero como una verdadera cadena y las cadenas no me quedan bien (a no ser que sean de oro, *jajajaja*).

Hace 50 minutos . Me gusta . Comentar

María Garrido dice:
A mí me robaron el móvil en mayo pasado y decidí seguir así. Aunque me he acostumbrado, he de reconocer que he perdido un poco de vida social.

Hace 45 minutos . Me gusta . Comentar

Adriana Rodríguez dice:
Si me quedo sin tele o Internet, pues fíjate, por absurdo que te pueda parecer, creo que me alegraría... Normalmente ando muy ocupada así es que podría hacer otras cosas que también me gustan mucho y que apenas hago: leer, ir al cine, pasear...

Hace 25 minutos . Me gusta . Comentar

Antonio Casco dice:
Mira, no sé qué haría si un día no pudiera mirar mi correo electrónico, pero podría sobrevivir. Sin móvil, en cambio, me moriría. Hay noches que sueño que me quedo sin batería, y me despierto, y aunque sé que es solo un sueño, me levanto para asegurarme de que he puesto el cargador.

Hace 15 minutos . Me gusta . Comentar

2.2.1. **Fíjate en las frases extraídas, recuerda las reglas de los conectores concesivos y completa los siguientes comentarios a las respuestas del texto anterior.**

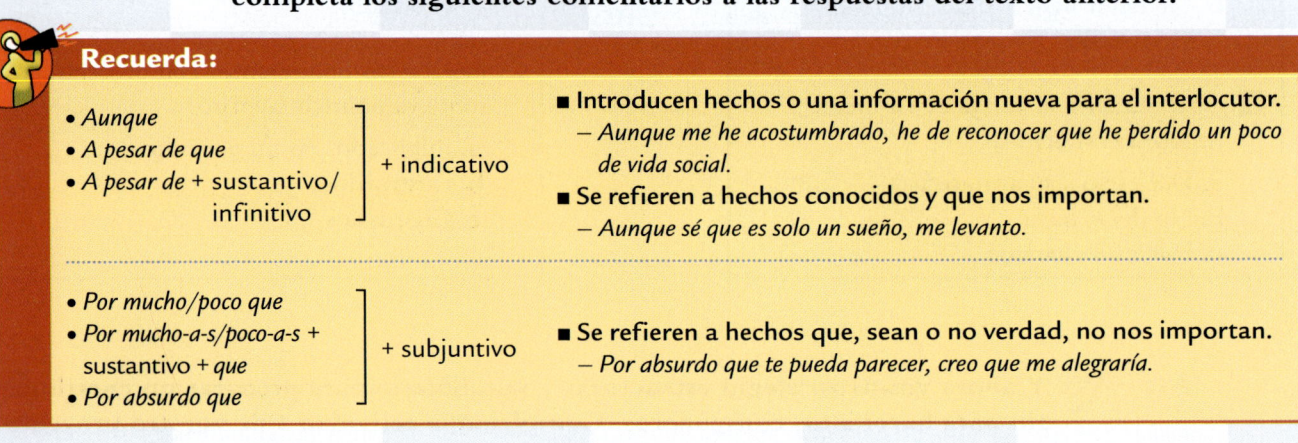

Recuerda:

• *Aunque*
• *A pesar de que*
• *A pesar de* + sustantivo/
  infinitivo
	+ indicativo	■ **Introducen hechos o una información nueva para el interlocutor.**
		  – *Aunque me he acostumbrado, he de reconocer que he perdido un poco de vida social.*
		■ **Se refieren a hechos conocidos y que nos importan.**
		  – *Aunque sé que es solo un sueño, me levanto.*

• *Por mucho/poco que*
• *Por mucho-a-s/poco-a-s* +
  sustantivo + *que*
• *Por absurdo que*
	+ subjuntivo	■ **Se refieren a hechos que, sean o no verdad, no nos importan.**
		  – *Por absurdo que te pueda parecer, creo que me alegraría.*

1. Por mucho tiempo... ▶ ....
2. Aunque la tele... ▶ ....
3. A pesar de que Internet... ▶ ....
4. Por absurdo que... ▶ ....
5. A pesar de que el móvil... ▶ ....

2.3. ¿Sabes lo que significa *nomofobia*? Lee el siguiente artículo sobre los móviles y busca la respuesta al significado de las siguientes palabras.

1. Nomofobia: ....
2. Manosear: ....
3. Ceño fruncido: ....
4. Estar "mensajeable": ....

¿Sufre nomofobia?

Hay gente a la que ves en la calle o en un bar manoseando su móvil, revisándolo, tecleando, leyendo con el ceño fruncido... Unos expertos creen que es simplemente un cambio en el uso social de la tecnología, y otros ven algo preocupante, adictivo en este modo de conducirse.

Las conclusiones preliminares de una investigación, que tiene en marcha Francisca López, experta en adicciones y directora del Departamento de Personalidad, Evaluación y Tratamiento Psicológico de la Universidad de Granada, arrojan que el 8% de los universitarios españoles sufre nomofobia, es decir, padece un miedo irracional a no llevar encima el móvil o a que se le acabe la batería.

■ **El terreno del estudio es movedizo porque:**

1. La ciencia no se pone de acuerdo en si el abuso de las tecnologías es un trastorno del control de impulsos (la persona no se detiene a pensar si lo que va a hacer es bueno o malo) o si es un adicción propiamente.

2. No está claro aún si la adicción lo es al teléfono (estar localizable y "mensajeable") o si es que el móvil es la puerta de acceso a Internet y, por lo tanto, a redes sociales, mensajerías instantáneas, correo electrónico, noticias...

■ **Algunos especialistas afirman:**

3. Que la comunidad castiga a los jóvenes que no tienen móvil.

4. Que los jóvenes con nomofobia son personas con baja autoestima, que no saben relacionarse y con dificultades para resolver los problemas del día a día.

5. Que hay datos que pueden demostrar que los jóvenes que hacían un uso más abusivo del celular eran un 84% más proclives a consumir drogas, se veían implicados en el doble de peleas y tenían un 69% más de probabilidades de abusar también del alcohol.

¿Un poco catastrófico, quizá?

Texto adaptado de *Quo*, febrero 2012.

2.3.1. ¿Estás de acuerdo con las cinco afirmaciones del texto anterior? Habla con tus compañeros y toma nota de las diferentes posturas más relevantes.

2.3.2. En grupos, revisad las notas anteriores para hacer un informe con advertencias y consejos sobre el uso de las tecnologías.

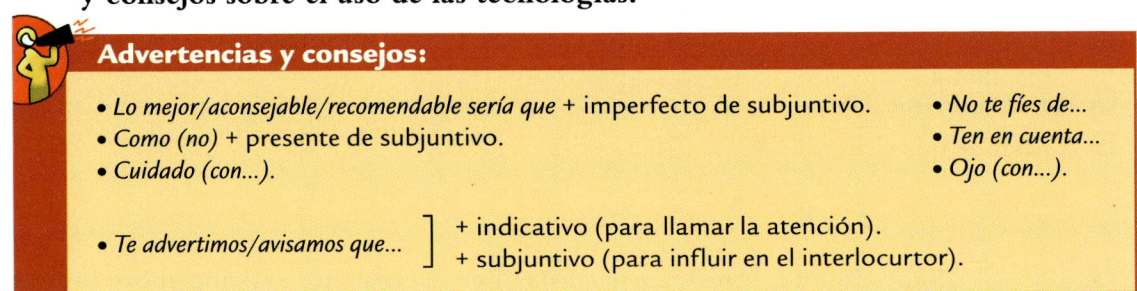

Advertencias y consejos:

- *Lo mejor/aconsejable/recomendable sería que* + imperfecto de subjuntivo.
- *Como (no)* + presente de subjuntivo.
- *Cuidado (con...).*

- *No te fíes de...*
- *Ten en cuenta...*
- *Ojo (con...).*

- *Te advertimos/avisamos que...* $\left.\begin{array}{l}\end{array}\right]$ + indicativo (para llamar la atención).
  + subjuntivo (para influir en el interlocurtor).

2.4. ¿Qué otros temas interesan a estas personas? Lee sus perfiles de Facebook y escribe una frase que resuma el contenido.

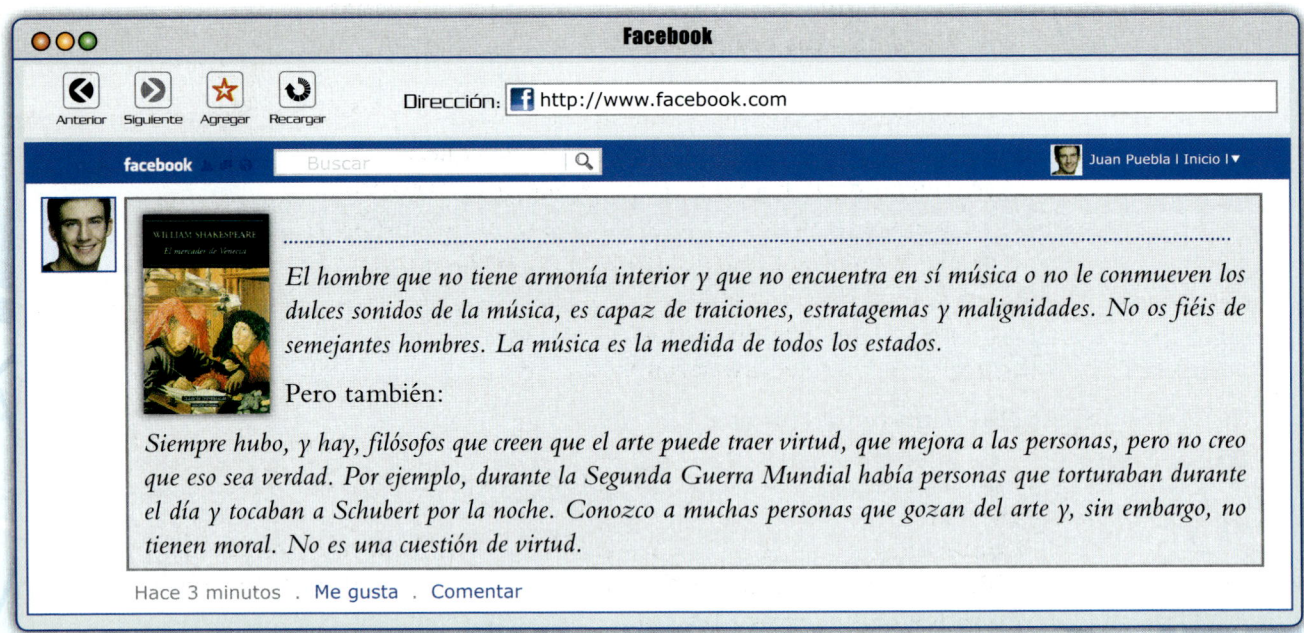

Facebook — Dirección: http://www.facebook.com — facebook — Buscar — Juan Puebla | Inicio | ▼

WILLIAM SHAKESPEARE — *El mercader de Venecia*

El hombre que no tiene armonía interior y que no encuentra en sí música o no le conmueven los dulces sonidos de la música, es capaz de traiciones, estratagemas y malignidades. No os fiéis de semejantes hombres. La música es la medida de todos los estados.

Pero también:

Siempre hubo, y hay, filósofos que creen que el arte puede traer virtud, que mejora a las personas, pero no creo que eso sea verdad. Por ejemplo, durante la Segunda Guerra Mundial había personas que torturaban durante el día y tocaban a Schubert por la noche. Conozco a muchas personas que gozan del arte y, sin embargo, no tienen moral. No es una cuestión de virtud.

Hace 3 minutos . Me gusta . Comentar

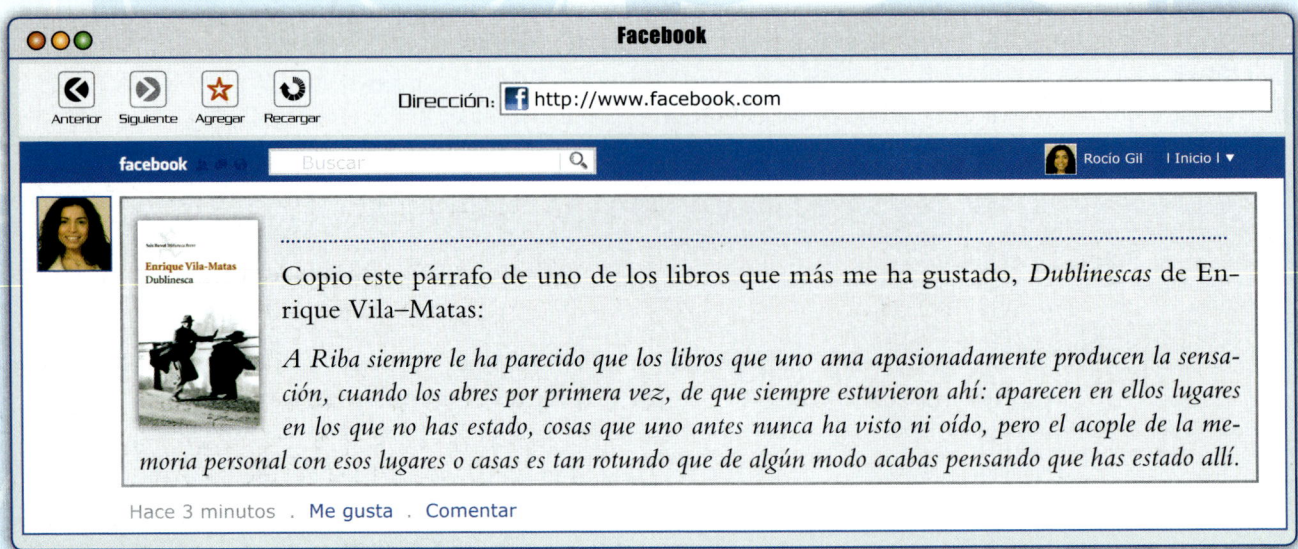

Facebook — Dirección: http://www.facebook.com — facebook — Buscar — Rocío Gil | Inicio | ▼

Enrique Vila-Matas — *Dublinesca*

Copio este párrafo de uno de los libros que más me ha gustado, *Dublinescas* de Enrique Vila–Matas:

A Riba siempre le ha parecido que los libros que uno ama apasionadamente producen la sensación, cuando los abres por primera vez, de que siempre estuvieron ahí: aparecen en ellos lugares en los que no has estado, cosas que uno antes nunca ha visto ni oído, pero el acople de la memoria personal con esos lugares o casas es tan rotundo que de algún modo acabas pensando que has estado allí.

Hace 3 minutos . Me gusta . Comentar

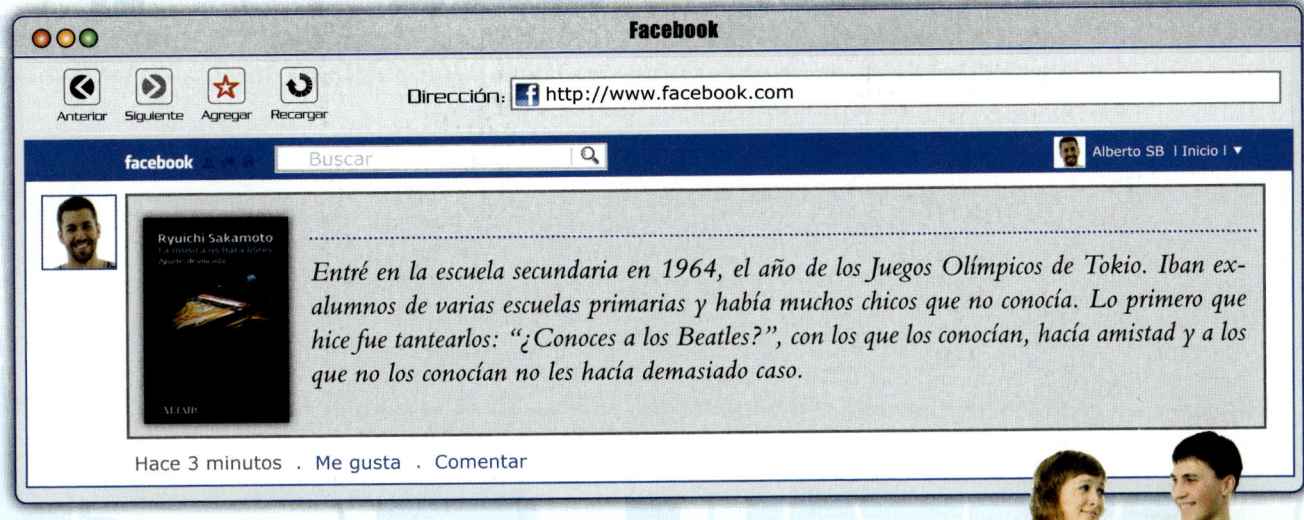

Facebook

Dirección: http://www.facebook.com

facebook | Buscar | Alberto SB | Inicio |

Ryuichi Sakamoto

Entré en la escuela secundaria en 1964, el año de los Juegos Olímpicos de Tokio. Iban exalumnos de varias escuelas primarias y había muchos chicos que no conocía. Lo primero que hice fue tantearlos: "¿Conoces a los Beatles?", con los que los conocían, hacía amistad y a los que no los conocían no les hacía demasiado caso.

Hace 3 minutos . Me gusta . Comentar

2.4.1. **Y a ti, ¿de qué te gustaría hablar? Piensa cómo completarías las siguientes frases para compartir algunas experiencias con tus compañeros.**

[1] Hace tiempo leí un libro en el que...
[2] Una exposición que me impresionó fue una que...
[3] Me acuerdo de una película en la que el protagonista...
[4] Yo también, cuando era joven/estaba en la universidad...
[5] No creo que haya muchas personas a las que...
[6] Un día en..., conocí a... y...
[7] Se me puso la piel de gallina...
[8] Algunas cosas que me sacan de quicio...

2.5. **Y ahora vosotros: elegid estructuras y vocabulario para elaborar una actividad similar a las anteriores para la actividad 2 de vuestro proyecto. Seguid las siguientes instrucciones:**
a) Escribid un texto o párrafos para motivar o introducir el tema.
b) Escribid el inicio o parte de diez frases con los contenidos que queréis trabajar para que los otros grupos las continúen.

3 Concursos y pasatiempos

3.1. **Mira estas imágenes y comenta con un compañero si sabes a qué se refieren. ¿Qué tienen en común?**

Pasapalabra

Etapa 12. Nivel B2.3

3.2. Cuando hablamos de concursos, ¿qué significan estas palabras? Intenta escribir una definición con tu compañero para cada una de ellas.

1. (el) comodín: ....

2. (la) prueba: ....

3. (el) bote: ....

3.2.1. Escucha a las siguientes personas hablar de su concurso favorito y completa el cuadro con la información.

	Nombre del concurso	Origen	Mecánica
1			
2			
3			
4			
5			
6			

3.3. Piensa en estas cuestiones y coméntalas con un compañero. Después ponedlas en común con la clase para ver qué porcentaje de coincidencia tenéis.

[1] Si tuvieras que elegir entre ver un concurso de la tele o un juego de mesa, ¿qué elegirías para pasar el tiempo?

[2] ¿Cuál es tu juego de mesa favorito? ¿Se te da bien?

[3] ¿Qué tipo de concurso te gusta más: cultural, de ingenio, de aptitud física, de entretenimiento...?

[4] ¿Cuál es tu concurso favorito? ¿En qué consiste?

[5] ¿Has salido alguna vez en un concurso de televisión? Si la respuesta es positiva, cuenta tu experiencia.

 Continúa

[6] ¿Participarías en algún concurso? ¿En cuál?

[7] ¿En qué concurso crees que tendrías más posibilidades y en cuál menos?

[8] ¿Por qué razones la gente va a los concursos, según tu opinión?

3.4. Mira este titular de una noticia y comenta con tus compañeros si piensas que es una noticia verdadera o falsa.

> ## Economista y padre de familia ha participado en más de treinta concursos diferentes en 20 años, es casi un concursante profesional.

3.4.1. Lee el siguiente texto y comprueba si la noticia es real o no.

Fernando Cerezo lleva casi 20 años participando en concursos de televisión de todo tipo. Ha pasado por *El precio justo*, *Saber y ganar*, *La ruleta de la suerte* y un largo etcétera de programas que suman más de treinta. Este concursante, casi profesional, es polifacético: licenciado en Ciencias Empresariales, Máster en Mercados Financieros, escritor, organizador de campeonatos deportivos y padre de tres hijos. Su amplia experiencia televisiva le ha llevado a crear un blog en el que ofrece pistas y consejos para llegar a los concursos y ganar. Confiesa que en estos años ha ganado más de 60 000 euros y que ha tenido que falsear su perfil en algún *casting* para ser admitido. Piensa que hoy por hoy es más importante ser simpático y extrovertido que tus conocimientos culturales, aunque también ayudan.

3.4.2.  Fernando Cerezo desvela en su blog y en uno de sus libros algunos trucos para tener éxito en los concursos de televisión. ¿Qué habilidades piensas que son necesarias para participar en ellos? Márcalo y escribe tres frases más.

Recuerda:

■ Para expresar necesidad:

- *Es imprescindible...*
- *Hace falta...*
} + { infinitivo / *que* + subjuntivo

■ Para hablar de habilidades:

- *Tengo facilidad para...*
- *Se me da bien...*
- *Soy capaz de...*
- *Soy hábil para...*

- *Soy un/a negado/a para...*
- *Soy un/a genio/a para...*
- *Se me da bien/genial/fatal...*

	La ruleta de la suerte	Pasapalabra	El precio justo	Saber y ganar	¿Quieres ser millonario?
1. Es imprescindible tener facilidad para recordar palabras.	☐	☐	☐	☐	☐
2. Hace falta que se te dé bien el cálculo.	☐	☐	☐	☐	☐
3. Hace falta ser hábil para calcular tu fuerza.	☐	☐	☐	☐	☐
4. Es imprescindible ser capaz de calcular el valor de las cosas.	☐	☐	☐	☐	☐
5. Hace falta ser hábil para responder lo más rápido posible.	☐	☐	☐	☐	☐
6.					
7.					
8.					

3.4.3. Compara con tu compañero las opiniones anteriores, ¿estáis de acuerdo?

3.5. [12] Vamos a simular un *casting* para participar en el concurso *La ruleta de la suerte*. Para empezar, escucha los consejos que nos da Fernando Cerezo para concursar y toma nota de los más importantes. ¿Te parecen útiles?

3.5.1. Dividid la clase en directores de *casting* y concursantes. Lee la información de la tarjeta que te corresponde y prepara tu rol.

Recuerda:

■ Para el entrevistador puede ser útil preguntar por la habilidad:
- ¿Tienes facilidad para...?
- ¿Eres capaz de...?
- ¿Qué tal se te da...?
- ¿Se te da bien...?
- ¿Eres hábil para...?

Director de *casting*

Eres un director de *casting* bastante exigente. Buscas personas abiertas y con ganas de concursar. Te gusta la gente simpática, pero no los que se pasan de graciosos. Tus entrevistas suelen tener muchas preguntas sobre aspectos personales, aficiones, gustos y trabajo, que servirán para la presentación del concursante. Por otra parte, también te gusta hacer preguntas de cultura y una prueba relacionada con el concurso.

Piensa en cómo vas a hacer la entrevista a los aspirantes.

Recuerda los consejos que has leído para participar en el concurso de *La ruleta de la suerte* y piensa cuáles son tus habilidades y características más importantes que te ayudarán a ganar. Prepara una personalidad para la presentación en el programa: profesión, familia, aficiones, gustos...
Recuerda que tienes que ser simpático y extrovertido.

3.5.2. Directores de *casting*, ¿a qué aspirante habéis elegido? Justificad vuestra respuesta, los concursantes dirán si están o no de acuerdo.

3.6. Para repasar el vocabulario que has aprendido en el nivel B2 vamos a concursar en *Pasapalabra*. Formad dos grupos y seguid las indicaciones de vuestro profesor.

GRUPO 1   **GRUPO 2**

3.7. Y ahora vosotros: elegid estructuras y vocabulario de las unidades de la Etapa 12 para elaborar una actividad similar a las anteriores y completad las actividades 3 y 4 de vuestro proyecto. Seguid las siguientes instrucciones:

1. Elegid un tema y preparad una comprensión lectora para introducirlo y pensad en la actividad que vais a pedir a vuestros compañeros: preguntas sobre el texto, frases verdaderas o falsas, un cuadro para completar, adivinar el tema, tomar notas, etc.

2. Preparad un juego de roles para practicar las estructuras elegidas.

3. Elegid 12 palabras con iniciales diferentes para escribir sus definiciones y hacer un concurso de *Pasapalabra*.

Etapa 12. Nivel B2.3

3.8. Vamos a repasar los contenidos del nivel con *El juego de la oca*. Tu profesor te dará las instrucciones.

SALIDA

1 No me importa nada que… (Di tres cosas)

2 ¿Qué pasará en el año 2050? Haz hipótesis.

3 Di tres datos relevantes de tu biografía lingüística.

4 ¿Cómo se celebra el día del santo en España?

5 Un refrán de la unidad de los sueños.

6 CONJUGA: estar (imperfecto subjuntivo)

7 Dos expresiones coloquiales que signifiquen dormirse rápidamente.

8 ¿Qué es el voseo?

9 (dados)

10 Cuenta un sueño que recuerdes.

11 ¿Y si…? (Propón un plan para esta noche a tus compañeros)

12 CONJUGA: poder (imperfecto subjuntivo)

13 Explica la diferencia entre ocio y tiempo libre. Pon ejemplos.

14 Explica la diferencia entre ser distante y ser distraído/a.

15 ¿Cuál es el contrario de estar achicharrado/a y de estar como una rosa?

16 Di tres expresiones coloquiales con partes del cuerpo.

17 Debido a… (Completa la frase)

18 (dados)

19 ¿De qué estás harto/a? (Expresa al menos tres quejas)

20 Di tres medidas que haría falta tomar para erradicar la pobreza.

21 CONJUGA: hacer (imperfecto subjuntivo)

22 ¿Qué son los cimientos de un edificio? ¿Y un pilar?

23 ¿Qué te produce aversión? ¿Y resignación?

24 (dados)

25 ¡Me da asco que…! (Di al menos dos cosas)

26 Estoy empeñado/a en… porque…

27 ¿Cómo es para ti una persona con inteligencia emocional?

28 Tus compañeros te preguntan algo para descubrir qué tal tu inteligencia emocional.

29 Latinismos: ¿Qué significa motu proprio e in albis?

30 Como (no)… (Haz una advertencia)

31 ¿Qué es una colocación léxica? Da dos ejemplos.

32 Polisemia: di cuatro significados del verbo llevar.

33 ¿Se vende casas o se venden casas? ¿Por qué?

34 CONJUGA: decir (imperfecto subjuntivo)

LLEGADA

3.8.1.  **Y ahora vosotros: elegid estructuras y vocabulario para inventar un juego de la oca. Completad la actividad 5 de vuestro proyecto.**

4 Nos lanzamos

4.1. **Lee los contenidos de la unidad que han preparado tus compañeros, y que te va a dar tu profesor, para saber las estructuras y el léxico que vas a necesitar.**

4.2. **Haz las actividades que os ha preparado el otro grupo. Sigue las siguiente instrucciones:**

a) El orden y la forma de llevar a cabo la unidad es la siguiente:

[1] Actividad 1. Individual y por escrito.

[2] Actividad 2. En parejas y oralmente.

[3] Actividad 3. Lectura y ejercicios relacionados con la comprensión lectora y juego de roles de la actividad 3. En grupo.

[4] En grupo, elegid uno de los dos concursos: *Pasapalabra* (actividad 4) o *El juego de la oca* (actividad 5) y jugad.

b) Ve tomando nota de los problemas o cuestiones con los que tenéis más problemas para preguntárselo al profesor al final.

4.3. **Corrige y resuelve con la clase y el profesor las cuestiones que quieres aclarar.**

4.4. **¿Qué te ha parecido esta experiencia? Habla con la clase.**

Etapas

Libro de ejercicios

Etapa 12
Proyectos

Nivel

B2.3

© Editorial Edinumen, 2012.
© **Equipo Entinema:** Beatriz Coca del Bosque, Anabel de Dios Martín, Berta Sarralde Vizuete, Sonia Eusebio Hermira, Elena Herrero Sanz, Macarena Sagredo Jerónimo. Coordinación: Sonia Eusebio Hermira.
© **Autoras de este material:** Beatriz Coca del Bosque, Elena Herrero Sanz, Macarena Sagredo Jerónimo.

Coordinación editorial:
Mar Menéndez

Edición:
David Isa

Diseño y maquetación:
Carlos Yllana

Fotografías:
Archivo Edinumen

Editorial Edinumen
José Celestino Mutis, 4.
28028 Madrid
Teléfono: 91 308 51 42
Fax: 91 319 93 09
e-mail: edinumen@edinumen.es
www.edinumen.es

Índice de contenidos

Las soluciones y transcripciones de los ejercicios puedes consultarlas en **www.edinumen.es/eleteca**

Unidad I

Dime qué prefieres

●●

I.I. Completa las siguientes frases con el adverbio correspondiente del recuadro.

> inteligentemente ■ inevitablemente ■ lamentablemente
> necesariamente ■ tranquilamente ■ forzosamente
> curiosamente ■ correctamente ■ afortunadamente

1. No creo que haya que salir .... el día de Nochevieja, de hecho a mí ese día me gusta quedarme en casa y ver la tele ....

2. .... llegamos justo a tiempo para poder embarcar. Si hubiéramos salido cinco minutos más tarde, hubiéramos perdido el avión.

3. Es muy difícil traducir un significado .... si no podemos leer todo el párrafo y saber situarlo en un contexto determinado.

4. Lo siento muchísimo, ... no podemos hacer lo que usted nos pide, no es política de la empresa.

5. Me imaginaba que al final sucedería .... lo que yo esperaba, estaba claro que no se pueden forzar tanto las situaciones.

6. El significado de la palabra *escuela* ha cambiado. .... el significado original en griego era de "ocio" y "tiempo libre".

7. Todos los que quieran pedir la beca tendrán que entregar las solicitudes .... antes del día diez de enero.

8. El señor Rodríguez realizó .... un planteamiento delante de todo su equipo y fue aplaudido por ello.

I.I.I. Relaciona los adverbios anteriores con su significado.

1. Expresan necesidad: ...., ..., ...

2. Ofrecen una valoración por parte del hablante: ...., ..., ...

3. Juzgan la actuación de la persona de la que se habla: ...., ..., ...

I.2. Hay palabras que van seguidas del mismo adverbio siempre. Escribe los correspondientes en cada una de las siguientes frases. Te ayudamos escribiendo la primera letra de los adverbios.

1. En la declaración negó **r**.. los hechos, el tribunal le creyó y fue declarado inocente.

2. Hay cosas que no se pueden evitar y una de ellas es pagar **r**.. la letra de la hipoteca mensualmente.

3. Cuando recibió la noticia se puso a llorar **d**.. y no pudimos hacer nada para que parara.

4. Te prohíbo **t**.. que vuelvas a hacer eso, no te das cuenta de que es una falta grave.

5. Creo f............................... que esta situación se puede solucionar si todos ponemos un poquito de nuestra parte, así que vamos a intentarlo.

6. ¿Por qué no me cuentas cómo te enamoraste p............................... del abuelo otra vez, por favor?

7. No puedo creerme que hayas pasado o............................... de todos los consejos que te di, y para esto perdí tanto tiempo. ¡Ya te vale!

8. Necesitamos que nos informéis p............................... de todos los cambios que hagáis, aunque sean mínimos.

9. ¿Te has dado cuenta de que cada vez que te encuentras con mi primo te saluda e...............................? Yo pensaría que…

10. Confío muchísimo en mi hermano, sabe guardar c............................... un secreto, nunca me ha defraudado.

1.3. **Completa el siguiente texto con los verbos necesarios que hay en el recuadro en el tiempo correspondiente.**

> pincharse ■ dar un golpe ■ abollar ■ hacerse

El otro día me pasó una cosa increíble, no me lo podía creer, iba de camino a Toledo y en mitad del viaje **(1)** .... una rueda, menos mal que llevaba la de repuesto, después me saltó un canto y se **(2)** .... añicos el parabrisas, me puse nervioso y no me dio tiempo a frenar, así que me choqué con el coche que tenía delante, le **(3)** .... la carrocería. Para colmo, el coche que venía detrás tampoco me vio a tiempo para frenar y me **(4)** .... en el parachoques. Por suerte, no nos pasó nada a ninguno de los tres, pero el susto que nos dimos fue horrible.

1.4. **Escribe cómo se escribe cada una de las partes del coche que están señaladas con flechas.**

1.

2.

4.

5.

3.

6.

1. El lunes pasado iba con mi hermana por la autopista, de repente se incorporó un coche y para no chocarnos tuvo que girar el .... bruscamente.

○ **a.** freno
○ **b.** volante

2. Normalmente me meto en el carril de tarjeta para pagar el .... porque me resulta mucho más cómodo y rápido.

○ **a.** peaje
○ **b.** motor

3. No olvides pisar fuerte el .... cuando quieras cambiar de marchas porque si no vas a oír un ruido muy fuerte.

○ **a.** embrague
○ **b.** limpiaparabrisas

4. Arrancar el .... después de una helada es una tarea bastante complicada.

○ **a.** capó
○ **b.** motor

5. Es increíble, ese conductor todavía no ha .... el intermitente desde que me ha adelantado.

○ **a.** quitado
○ **b.** dado

6. Vamos a intentar cerrar el ...., aunque no sé si será posible con todo lo que hemos metido, parece que nos vamos para un mes.

○ **a.** retrovisor
○ **b.** capó

7. ¿Has visto el .... tan peligroso que acaba de hacer el camión? Casi se choca con el coche de enfrente.

○ **a.** adelantamiento
○ **b.** embrague

8. Lo primero que te dicen cuando te vas a sacar el carné de conducir es que tienes que mirar constantemente por ....

○ **a.** los faros
○ **b.** el retrovisor

I.6. Elige y marca el tiempo verbal necesario de cada una de las frases siguientes.

1. Justo cuando *íbamos a incorporarnos / nos habíamos incorporado* a la rotonda se metió el coche de la derecha y tuve que cederle el paso.

2. Cuando el policía me paró yo ya *había preparado / iba a preparar* todos los papeles del coche para enseñárselos.

3. Justo cuando *estaba llegando / había llegado* al paso de cebra vi en frente a mi hermana que *iba a cruzarlo / estaba cruzándolo*.

I.6.I. Marca la opción correcta dependiendo de si la acción no se ha producido, está en proceso o ya se ha producido.

1. En este caso, la acción de *incorporarse...*

○ **a.** no se ha producido.
○ **b.** está en proceso.
○ **c.** ya se ha producido.

2. En este caso, la acción de *preparar...*

○ **a.** no se ha producido.
○ **b.** está en proceso.
○ **c.** ya se ha producido.

3. En este caso la acción de *llegar...*

○ **a.** no se ha producido,
○ **b.** está en proceso,
○ **c.** ya se ha producido,

y la acción de *cruzar...*

○ **d.** no se ha producido.
○ **e.** está en proceso.
○ **f.** ya se ha producido.

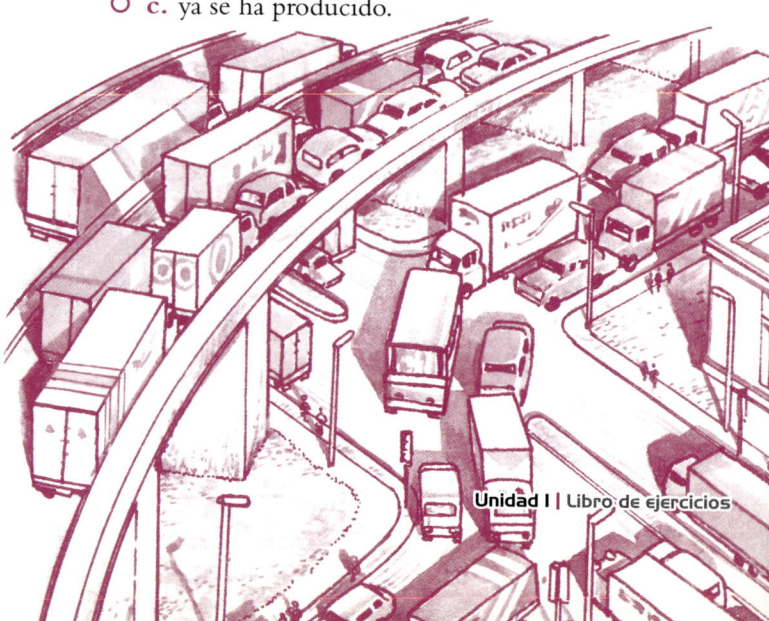

1.7. Completa las frases con el verbo entre paréntesis en el tiempo necesario.

1. Si .... *(hacer)* lo que yo te dije, no hubieras tenido el accidente y no te habrían quitado los cuatros puntos.

2. .... *(poder)* haber llegado a tiempo si no hubiera habido el atasco tan grande a la entrada de la M-30.

3. Si no hubiera ido hablando por el móvil mientras conducía, no le .... *(poner)* la multa.

4. Si no hubiera dejado de conducir hace unos años, ahora no .... *(tener)* que volver a hacer unas prácticas para ponerme al día.

5. .... *(poder)* evitar el choque si hubiera respetado el espacio de seguridad reglamentario.

6. ▶ ¿Qué hubieras hecho si .... *(estar)* en mi situación?

▷ No lo sé, probablemente lo que hiciste tú.

7. Si hubieras visto a la mujer cruzando el paso de cebra antes, no .... *(tener)* que haber dado el frenazo que di.

1.7.1. Cambia las frases de la actividad 1.7. utilizando las siguientes estructuras: *(No) deberías + haber + participio, (No) debería + haber + participio,* dependiendo de si es un reproche o una lamentación.

1. Si hubieras hecho lo que yo te dije, no hubieras tenido el accidente y no te habrían quitado los cuatros puntos.

....

2. Si no hubiera ido hablando por el móvil mientras conducía, no le hubieran puesto la multa.

....

3. Si no hubiera dejado de conducir hace unos años, ahora no tendría que volver a hacer unas prácticas para ponerme al día.

....

4. Si hubieras visto a la mujer cruzando el paso de cebra antes, no tendrías que haber dado el frenazo que di.

....

5. Podrías evitar el choque si hubiera respetado el espacio de seguridad reglamentario.

....

1.8. Señala al lado de la frase qué uso del gerundio hay.

modal **temporal** **causal** **condicional** **concesivo**

1. Teniendo los ingredientes necesarios, es muy fácil hacer la receta.

2. Logré aprobar la carrera estudiando mucho y quedándome en casa muchos fines de semana sin salir.

3. Aun lloviendo mucho, iremos al campo.

4. Llegando el profesor, todos los alumnos entran en la clase.

5. Conociendo lo que tú sabes, tendrías que haberlo hecho mejor.

6. Lo siento mucho, pero aun negándote lo voy a hacer.

7. Puedes ir caminando desde mi casa a la tuya, es un paseo muy agradable y así haces ejercicio.

8. Entrando el juez, todos los abogados se ponen de pie.

9. Esta mesa, siendo tan grande, no cabe en la habitación en la que tú la quieres poner, no insistas.

10. Ya te he dicho muchas veces que aprobando podrás comprarte la moto, si no ni lo sueñes.

1.8.1. Escribe una frase con cada uno de los usos anteriores del gerundio.

1. modal

2. temporal

3. causal

4. condicional

5. concesivo

1.9. Completa las siguientes frases con los siguientes nexos: *a no ser que, solo si, a menos que, siempre y cuando, siempre que.* **Puede haber más de una opción.**

1. No iré a su fiesta de cumpleaños .... me llame por teléfono para invitarme personalmente.

2. Lo haré .... me lo pides con amabilidad.

3. .... me lo dijeras tú, me lo creería.

4. Te lo contaré .... me prometas no decir nada.

5. Te prestaría el dinero .... me lo devolvieras.

6. .... te digan lo contrario, haz lo que tú pensabas.

1.10. Completa el siguiente esquema con las palabras necesarias.

1.	se	pronombre		**5.**	tu	adjetivo posesivo
		verbo *saber*			tú	
2.	de	preposición		**6.**	el	
	dé				él	pronombre
3.	mas			**7.**	aún	adverbio equivalente a *todavía*
	más	adverbio de cantidad				adverbio equivalente a *incluso*
4.		pronombre		**8.**	mi	
	té	bebida			mí	pronombre posesivo

1.10.1. Completa las frases con las palabras necesarias de la actividad anterior dependiendo de su significado.

1. No .... cómo puedes comer tantísimo y estar tan delgada. ¿Cómo lo haces?

2. ► ¿Qué le has regalado a tu padre?
     ► Un libro electrónico. .... lo daré está tarde, a ver si le gusta.

3. Me ha sorprendido mucho que Carmen haya dejado a Juan, pero si estaba muy enamorada .... él.

4. No creo que le .... la noticia hoy porque está de viaje y es mejor decírselo en persona.

5. Bea no tiene .... trabajo que tú, lo que ocurre es que es más lenta y le cuesta más terminarlo.

6. Hizo todo lo que pudo para ayudarle .... no fue suficiente.

7. ▶ ¿Qué prefieres, ... o café?
   ▷ Un café, por favor.

8. ▶ ¿ .... gusta el español?
   ▷ Sí, me encanta, creo que es un idioma muy bonito.

9. No me puedo creer que .... no lo hayas terminado si has tenido más de una semana.

10. Creemos que celebraremos el cumpleaños en el jardín .... si no sale el sol.

11. Voy a hacer obras en .... casa este verano y estoy buscando un piso para alquilar.

12. ▶ ¿A quién le gusta el flamenco?
   ▷ A .... me encanta.

13. .... último libro que me he leído me ha encantado.

14. Te lo dije a ti y no a .... por una cuestión de confianza.

15. .... no ves que lo que haces no está nada bien.

16. ▶ ¿Qué tal está .... abuelo?
   ▷ Mucho mejor, gracias.

I.II. Lee las siguientes frases y escribe *verdadero* o *falso* dependiendo de lo que tú piensas.

Antes de escuchar			Después de escuchar	
V	F		V	F
○	○	**1.** El grupo *Fito y los fitipaldis* en los años ochenta se llamaba *Platero y Tú*.	○	○
○	○	**2.** La influencia de *Fito y los fitipaldis* es el *blues* y el flamenco.	○	○
○	○	**3.** El primer disco de *El sueño de Morfeo* se publicó en el año 2000.	○	○
○	○	**4.** *El canto del Loco* ha conseguido vender más de un millón de copias en el mercado.	○	○
○	○	**5.** De la escisión de *El canto del Loco* ha salido el cantante Iván Ganchegui.	○	○
○	○	**6.** *La oreja de Van Gogh* cambió de cantante en 2008 para comenzar su carrera como solista.	○	○
○	○	**7.** *La oreja de Van Gogh* es una banda creada en San Sebastián.	○	○
○	○	**8.** El grupo *Amaral* se puso ese nombre porque sus componentes se llaman Ana, María, Ramón y Laura.	○	○

I.II.I. Escucha la entrevista y comprueba tus respuestas.

[13]

Unidad 2

¿Cómo nos educamos?

2.1. Relaciona las dos columnas.

1. Educación Infantil	**a.** Ciclos Formativos
2. Cursar	**b.** Escuela Infantil
3. Bachillerato	**c.** Colegio
4. Educación Primaria	**d.** Estudiar una materia
5. Formación Profesional	**e.** Instituto

2.2. Escribe el antónimo.

1. Enseñanza pública: ....

2. Colegio religioso: ....

3. Asignatura optativa: ....

4. Sacar buenas notas: ....

2.3. Completa los siguientes esquemas.

RECTOR

C _ _ _ _ _ _ _ _ _

J_ _ _ _ _ _ _ _ _ _ _

TUTOR

PROFESORADO

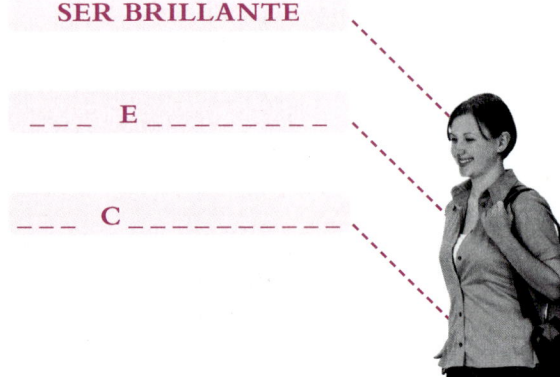

SER BRILLANTE

_ _ _ E _ _ _ _ _ _ _ _

_ _ _ C _ _ _ _ _ _ _ _

ALUMNADO

2.4. Escribe la palabra que se corresponde con las siguientes definiciones.

1. ....: Diferentes especializaciones que existen en el Bachillerato español y que varían dependiendo de los estudios que se quieran seguir.

2. ....: Prueba de acceso a la universidad.

3. ....: Educación Secundaria Obligatoria.

4. ....: Ayuda económica que el gobierno concede a los estudiantes.

5. ....: Método por el que el profesor comprueba la asistencia de los alumnos.

6. .... y ....: Estudios y títulos universitarios de Posgrado.

2.5. Ahora define las siguientes palabras.

1. Asignatura común: ....
....

2. Centro bilingüe: ....
....

3. Estar castigado: ....
....

4. Grado: ....
....

2.6. Completa el texto con las palabras del recuadro, haciendo los cambios necesarios.

graduarse ■ quedar una asignatura ■ sacar buenas notas
pasar de curso ■ pedir revisión de examen

▶ ¡Oye! ¿Has solicitado ya la beca para el próximo curso? Como tú **(1)** ....,
todo sobresaliente, ¿no? seguro que te la conceden.

▷ Sí, el año pasado me la dieron, así que creo que también la conseguiré este porque no **(2)** ....
....; he aprobado todo.

▶ Pues el que no **(3)** .... es Pedro, porque ha suspendido cuatro. En mates
(4) .... porque no estaba conforme con la nota que le habían puesto,
pero el profesor le dijo que no le subía ni una décima porque se notaba que no había estudiado nada.

▷ ¡Qué pena! con las ganas que tenía de **(5)** .... el próximo año.

▶ Pues sí, Ya ves.

2.7. En la siguiente tabla, en la columna central, aparecen unas frases literales extraídas
de la novela *Yo confieso* de Jaume Cabré. El protagonista (Adriá) reproduce un diálogo
entre él, su madre y el profesor de Música. Completa la tabla según el ejemplo.

A. ESTILO DIRECTO	FRASES LITERALES DEL LIBRO	B. ESTILO INDIRECTO
Madre: ¿Qué te has creído?	**1.** Mi madre, que qué te has creído.	*Mi madre me preguntó que qué me había creído.*
	2. Yo, que no quería volver a intentarlo.	

	3. El maestro Manlleu con los brazos en alto diciendo increíble, increíble.	
	4. Y yo, que no, que estaba harto; que quería tiempo para leer.	
	5. Y mi madre: no, tú vas a estudiar violín, cuando seas mayor decidirás lo que quieres hacer.	
	6. Y yo pues ya lo he decidido.	
	7. Y mi madre: con trece años no tienes capacidad de decisión.	
	8. Y yo indignado: trece años y medio.	
	9. Y mi madre, que qué me había creído por segunda o tercera vez, y añadió que con la cantidad de dinero que me cuestan las clases y tú haciendo el…	
	10. Y el maestro Manlleu, que se dio por aludido, puntualizó que no eran tan caras.	
	11. Y mi madre replicó al maestro: usted dijo que el niño valía y va a hacérmelo violinista.	

2.7.1. ¿Podrías deducir por los diálogos cuál es el conflicto que ha ocasionado la discusión?

....
....
....
....

Reproduce y resume el contenido de estos diálogos —todos mantenidos el mes pasado— usando verbos que indiquen las intenciones de los hablantes (*pedir, aconsejar, asegurar, reconocer...*).

1. Es mejor que cojas el turno de tarde, los profesores son más competentes y además nunca tienes problemas de llegar tarde por haberte dormido.

Le aconsejó que cogiera el turno de tarde porque los profesores eran más competentes. ....

....

2. No, ¡qué dice usted!, yo no he sido el que ha llegado tarde hoy a clase.

....

....

3. ► Es que su hijo es un alumno muy conflictivo; no atiende en clase, se enfrenta a los tutores y se pelea con sus compañeros. Le propongo que lleve a Daniel a un internado.

▷ Le prometo que mi hijo dejará su actitud rebelde, pero, por favor, no le diga nada de esto a mi marido.

....

....

4. ► Arancha, copiaste en el examen de ayer y, por lo tanto, serás castigada con una falta grave en tu expediente.

▷ Sí, es verdad. Pero, por favor, no me ponga la falta. Haré todo lo que quiera. Le prometo que no volverá a pasar.

....

....

5. Desde luego es que no puedo confiar en ti, no me has traído los resúmenes que te pedí la semana pasada. No te preocupes que no volveré a pedirte nada, ahora no esperes que te traiga el CD que te prometí.

....

....

2.9. **Escucha a Gonzalo hablar sobre su familia y responde a las siguientes preguntas.**

[14]

1. Nombre y profesión de sus abuelos.

....

2. Nombre de los cónyuges de Gonzalo.

....

3. Relación de Gonzalo con sus primeros suegros.

....

4. Hijos propios y adoptados que conviven actualmente con Gonzalo.

....

5. ¿Qué parentesco tiene Generosa con Gonzalo?

....

6. ¿Cómo clasificarías a la familia de Gonzalo?

....

7. ¿Qué herencia ha recibido? ¿A qué se dedica Gonzalo?

....

2.10. Coloca las letras de las siguientes palabras para formar términos relacionados con la familia. Las pistas que te damos pueden ayudarte.

Pistas: la abuela de tu padre ■ persona que en el árbol genealógico está debajo ■ pelea ■ mujer de tu hijo ■ pariente que pertenece a la familia ■ el abuelo de tu abuela

1. enaru: ....

2. salebibua: ....

3. ralimifa: ....

4. taralobueta: ....

5. rañi: ....

6. dientecendes: ....

2.11. Repasa en la unidad las estructuras para realizar prohibiciones que aparecen en 3.1.1. y después observa las imágenes y decide qué frase expresando prohibición se usaría en cada caso.

1. *Te prohíbo que salgas así a la calle.*

5. *¿Pero qué dices? Yo no he copiado.*

Si vuelves a responderme, tendremos que ir al despacho del director.

Completa los siguientes diálogos con las palabras que te damos.

¡ANDA!

MIRA

1. ► **(A)** ...., este era mi tatarabuelo, fue catedrático de instituto hasta que se jubiló, le encantaba dar clase.

▷ **(B)** .... ¡cómo te pareces a él!, ¿no?

VAYA CON

¡BASTA YA!

VENGA

2. ► **¡(A)** .... la nuera que tienes! No me habías dicho que fuera tan pesada, es que no para de hablar de su trabajo y de lo bien que lo hace todo, y del dinero que gana. La verdad es que no la aguanto.

▷ **(B)** ...., date prisa que va a empezar la película y nos la vamos a perder.

► Y encima es ella la que tiene que elegir siempre, con lo que odio las comedias románticas.

▷ **(C)** .... que al final te va a oír. Mira, ya viene.

¿Cómo rechazarían estas personas las siguientes prohibiciones?

1. Lo siento, pero no está permitido sacar bebidas a la calle.

(Un cliente muy educado en un bar pijo) ....
....

2. Te prohíbo que sigas bebiendo vino y cerveza a diario, es malísimo para tu hígado.

(Un joven que no está dispuesto a renunciar al alcohol) ....
....

3. Te he dicho que te vistas ya, que te vas a ir al colegio en pijama.

(Un niño muy desobediente y rebelde) ....
....

4. Te prohíbo que te cases con la hija de mi peor enemigo.

(Un joven muy enamorado) ....
....

5. En la autopista no puedes ir a más de 120 km por hora.

(Un amante de la velocidad) ....
....

El siglo XX a escena

3.1. Forma adjetivos de tonalidades de colores con los sufijos del cuadro.

-aceo ■ -oso ■ -izo ■ -ado ■ -ento ■ -uzco

1. verd.............
2. roj.............
3. plate.............
4. blanc.............
5. dor.............
6. azul.............
7. ros.............
8. negr.............
9. anaranj.............
10. paj.............
11. amarill.............
12. gris.............

3.2. Relaciona las dos columnas.

1. Espátula

2. Tela

3. Expresionismo

4. Cincelar

5. Hierro

6. Lienzo

7. Esculpir

8. Pincel

9. Arte conceptual

10. Fundir

a. Técnica que consiste en grabar o labrar en piedras o metales.

b. Material preparado para pintar sobre él.

c. Movimiento artístico en el que la idea es más importante que el objeto o el proceso de realización.

d. Material hecho de hilos que forman como una lámina.

e. Movimiento artístico que defiende la plasmación de los sentimientos y emociones del artista en sus obras.

f. Herramienta usada principalmente para pintar, compuesta por un mango largo y delgado de madera o metal que en uno de los extremos tiene sujeto un manojo de pelos o cerdas.

g. Herramienta generalmente pequeña que utilizan los pintores para hacer mezclas.

h. Técnica que consiste en derretir y hacer líquidos los metales, minerales y otros sólidos.

i. Material muy abundante en la corteza terrestre, de color negro o gris azulado muy maleable.

j. Técnica que consiste en labrar a mano una escultura, especialmente en piedra, madera o metal.

3.3. Señala si estos comentarios son positivos (+) o negativos (-).

	+	−
1. Lo encuentro horroroso.	○	○
2. Lo encuentro un poco moderno.	○	○
3. Me resulta una maravilla que trabajen con estos materiales tan difíciles de moldear.	○	○
4. Lo veo fantástico.	○	○
5. Considero una falta de consideración que a los artistas no se les respete más.	○	○
6. Me resulta una maravilla que se enseñe arte en los colegios.	○	○
7. Lo encuentro demasiado simple.	○	○
8. Lo veo excesivamente llamativo.	○	○

3.4. Completa las siguientes frases con una expresión coloquial con colores.

1. Marta está muy enfadada con su hermana, ayer la .... por algo que le había hecho.

2. Últimamente ...., apenas llego a fin de mes con el sueldo que gano y… ¡está todo tan caro!

3. He hablado con mi jefe y .... para hacer lo que yo quiera en este proyecto.

4. Pues nada, que no me acuerdo del título del libro, ..., cuando lo recuerde te lo digo.

5. Cada vez que voy a casa de mi madre ...., es que… ¡cocina tan bien!

6. Mi abuela ....: tiene 88 años y no se ha puesto enferma nunca.

7. La primera vez que hice escalada ...., me entró pánico y pensé que me caía. Ahora ya soy todo un experto y no tengo ningún miedo.

8. ► ¿Te has enterado de lo de Dani? ¡Qué mala racha tiene! Primero lo echaron del trabajo, después le robaron el coche y encima ahora su mujer lo ha dejado.

▷ Sí, pobrecillo, la verdad es que ....

9. El asunto de la negociación con los nuevos clientes ...., nadie se quiere responsabilizar. No sé qué vamos a hacer.

3.5. Escribe un texto argumentativo sobre la importancia del arte en la vida.

3.6. Elije el significado más adecuado de las expresiones que están en cursiva.

1. ¿Por qué habrá tanta policía ahí? Seguro que *ha pasado algo gordo*.

  ○ **a.** Ha ocurrido algo importante o grave.
  ○ **b.** Ha habido una reunión de personas obesas.
  ○ **c.** Ha ocurrido algo sin importancia.

2. Agradezco mucho tu opinión respecto al tema del trabajo, pero *no van por ahí los tiros*.

  ○ **a.** Tiene una opinión acertada.
  ○ **b.** Tiene una opinión desacertada.
  ○ **c.** Está en contra.

3. Susana ha ascendido muy rápido en su trabajo y es que *no tiene ni un pelo de tonta*.

  ○ **a.** Es muy ambiciosa.
  ○ **b.** No es muy lista.
  ○ **c.** Es muy lista.

4. Estoy un poco cansada de los comentarios que me hace Raquel y de que siempre *me esté tomando el pelo*, ya no me hace gracia.

  ○ **a.** Ha hecho halagos sobre su pelo.
  ○ **b.** Se burla de ella.
  ○ **c.** La está poniendo verde.

5. ► ¿Viste la cara que se le puso a Sara cuando le dieron la noticia?

  ▷ Sí, sí, *su cara fue un poema*.

  ○ **a.** Estaba recitando un poema.
  ○ **b.** Tenía una cara muy bonita.
  ○ **c.** Estaba perpleja.

6. Ya no sé qué hacer, si no encuentro trabajo pronto y ocupo mi tiempo voy a *acabar como un cencerro*.

  ○ **a.** Va a terminar volviéndose loco/a.
  ○ **b.** Va a gastar todo su dinero.
  ○ **c.** Va a apuntarse a un curso.

7. Mi hermana y yo *somos uña y carne* desde pequeñitas, se nota que somos gemelas.

  ○ **a.** Se llevan bien.
  ○ **b.** Discuten mucho.
  ○ **c.** Están muy unidas.

8. Si no termino los informes para mañana, mi jefe me va a *poner de patitas en la calle*.

  ○ **a.** Van a disminuirle el sueldo.
  ○ **b.** Van a aumentarle el sueldo.
  ○ **c.** Van a echarlo del trabajo.

3.7. Marca la palabra que no corresponde.

1. Dar	**2. Arrear**	**3. Chillar**	**4. Clavar**
O **a.** un ataque	O **a.** un cuadro	O **a.** los labios	O **a.** un clavo
O **b.** un síncope	O **b.** una patada	O **b.** como un loco	O **b.** un cuchillo
O **c.** una ruptura	O **c.** una paliza	O **c.** no parar de…	O **c.** que vienen curvas

5. Morderse	**6. Reponerse de**	**7. Agárrate que**	**8. Tener desencajado/a**
O **a.** un puñetazo	O **a.** un divorcio	O **a.** los fracasos	O **a.** el hombro
O **b.** las uñas	O **b.** una ruptura	O **b.** vienen curvas	O **b.** la mandíbula
O **c.** los dedos	O **c.** un demente		O **c.** los labios

3.8. Completa las siguientes frases con los verbos que están entre paréntesis en el modo y tiempo adecuados.

1. Creo que deberías actuar como si nada .... *(pasar)*, no le des más importancia.

2. Debéis hacer lo ejercicios según os .... *(explicar)*, así os resultarán más fáciles.

3. No sé por qué me peguntas si al final lo vas a hacer como .... *(querer)*.

4. Ayer me encontré a Mamen en un bar y actuó como si no .... *(conocerme)*. No lo entiendo, es muy raro.

5. He seguido las instrucciones según .... *(poner)* en el libro, pero no he conseguido montar el armario, ¡qué desastre!

6. Haz la receta según .... *(decirte)* y verás que rica te sale la paella.

7. Si continúa la huelga de transportes mañana, iré a trabajar como .... *(poder)*, aunque seguro llegaré tarde.

8. ¿Por qué te comportas como si no .... *(escucharme)*? Así no vamos a solucionar nada.

9. Cuando estás actuando en teatro es muy importante creerse el papel, como si te .... *(estar)* ocurriendo de verdad.

3.9. Completa las siguientes frases con la perífrasis más adecuada en cada caso: *ponerse a +
infinitivo o echarse a + infinitivo.*

1. Ayer vi otra vez *Memorias de África* y como siempre .... *(llorar)*, en la escena en
la que muere Robert Redford, no lo puedo evitar.

2. Tengo mucho trabajo acumulado. En cuanto llegue a la oficina .... *(trabajar)*.

3. Cuando vio a la policía .... *(correr, él)*.

4. Ayer estaba tan cansada que cuando llegué a casa .... *(ver)* una película y me
quedé dormida mucho antes de que terminara.

5. Alejandro está desquiciado. El otro día fuimos a una conferencia sobre Picasso y sin motivo aparente
.... *(reír)*. Para mí está como un cencerro.

6. Cuando le dieron la noticia .... *(llorar)*.

7. En cuanto tenga tiempo .... *(estudiar)* inglés.

8. Con este calor no puedo .... *(trabajar)*.

9. Pobre Marquitos, le quitaron la bici unos chicos del colegio y .... *(llorar)*.

10. Me asusté tanto al ver aquel atraco que .... *(temblar)*.

3.10. Completa las frases con un verbo de cambio y las indicaciones que están entre paréntesis.

1. Estaban todos gritando, pero cuando entré en clase los estudiantes .... *(estado en
el que no se habla)*.

2. Raúl tenía un pelo precioso, pero lo vi el otro día y .... *(adjetivo para decir que
no se tiene ningún pelo en la cabeza)*.

3. Después del accidente que tuve, ... un poco .... *(adjetivo que indica que no puede
andar con una pierna)*.

4. Después de estar llorando toda la tarde, por fin la niña .... *(adjetivo contario de
nerviosa)*.

5. Mi pobre perra ya es muy mayor y .... *(adjetivo que indica que no ve)* y
.... *(adjetivo que indica que no oye)*.

3.11. Escucha la siguiente audición y marca qué expresión se debería usar en cada caso.

[15]

1. ○ **a.** Hacer mutis por el foro.
   ○ **b.** Ser una teatrera.
   ○ **c.** Ser una marioneta.

2. ○ **a.** Ser una marioneta.
   ○ **b.** Ser una farsa.
   ○ **c.** Ser un gallinero.

3. ○ **a.** Ir hecha un cuadro.
   ○ **b.** Ser un cuadro.
   ○ **c.** Ir hecha un pincel.

4. ○ **a.** Ser una farsa.
   ○ **b.** Ser un teatrero.
   ○ **c.** Ser un galán.

5. ○ **a.** Ser una farsa.
   ○ **b.** Ser un cuadro.
   ○ **c.** Tener mucho arte.

6. ○ **a.** Ser un galán.
   ○ **b.** Ser un teatrero.
   ○ **c.** Ser una marioneta.

7. ○ **a.** Ir hecho un pincel.
   ○ **b.** Ir hecho un cuadro.
   ○ **c.** Ser una payasa.

8. ○ **a.** Ser un galán.
   ○ **b.** Ser una alcahueta.
   ○ **c.** Ser un payaso.

El proyecto

4.1. Lee el siguiente texto y después rodea con un círculo la opción que no es correcta.

La Ley Antitabaco, la cercanía entre los diversos partidos y el acceso a una calidad de imagen cada vez mejor son factores que afectan a la afluencia de hinchas al tradicional bar de barrio para ver a su equipo.

El importante incremento en las ventas de televisiones y equipos de sonido está incidiendo directamente en que los aficionados decidan ver sus partidos favoritos desde el sofá de su casa, en vez de acudir al bar.

De hecho, la tradición de ver los partidos en el bar es una costumbre cada vez más mermada por la necesidad de "apretarse el cinturón" y la reciente Ley Antitabaco en bares y restaurantes. Se suma a todo esto lo asequible que resulta hoy en día tener una imagen de alta definición en casa.

(Adaptado de 20minutos.es)

1. Los aficionados de los diferentes equipos han dejado de ir a los bares a ver los partidos porque...

a. está prohibido fumar en los establecimientos públicos.
b. los bares han subido sus precios.
c. los partidos entre los equipos se han celebrado con muy poco intervalo de tiempo.
d. las televisiones de los hogares tienen muy buena calidad.

2. Ya no es tan habitual ir a ver los partidos al bar a causa de...

a. la gordura de muchos clientes.
b. la prohibición de fumar en los bares.
c. la crisis y la necesidad de ahorrar.
d. el abaratamiento de los televisores de alta definición.

4.1.1. Estas son algunas de las opiniones que ha suscitado la noticia anterior. Elige la opción correcta en cada caso.

1. No estoy nada de acuerdo, creo que aunque .... el cinturón, la gente sigue yendo al bar y se lo quita de otras cosas.

○ a. te aprieta
○ b. te apriete
○ c. haya que apretarse

2. No estoy en absoluto de acuerdo. A pesar de .... una tele con pantalla de alta definición en casa, los hombres siguen yendo al bar a la hora del partido a tomar cervezas.

○ a. teniendo
○ b. tener
○ c. tengan

3. Por absurdo que .... y, a pesar de ...., muy mal tendríamos que estar para no tomarnos nuestro aperitivo en el bar, ¿no?

○ a. parezca/crisis
○ b. parece/la crisis
○ c. parezca/la crisis

4. Por mucha pena que nos .... dar los hosteleros, los bares siguen llenándose los días de partido porque los grandes encuentros suelen ser de pago.

○ a. quieran
○ b. quisieran
○ c. quieren

5. "Aunque **pagamos** más del doble de su valor por la cerveza en un bar, los españoles preferimos relacionarnos en estos establecimientos durante el ocio".

En esta frase el uso del indicativo significa que...

○ **a.** no nos importa el precio de la cerveza.

○ **b.** sabemos efectivamente que pagamos el doble, pero aun así, preferimos ir.

4.2. Une las dos columnas para hacer frases advirtiendo sobre el uso de los teléfonos móviles y escribe el verbo en el modo correcto.

1. Me gustaría advertir que... .... •

2. Lo recomendable sería que... ... •

3. Ojo... .... •

4. Cuidado... .... •

5. Lo mejor sería... .... •

• **a.** con los niños y el uso de móviles. Le avisamos que .... *(poder, ellos)* causarles serios problemas.

• **b.** nunca .... *(mantener, ustedes)* el teléfono muy pegado al oído, después de marcar el número.

• **c.** no .... *(hablar)* más de una o dos horas al día.

• **d.** .... *(utilizar, nosotros)* dispositivos "manos libres".

• **e.** con .... *(acercar, nosotros)* al teléfono cuando llamemos desde un lugar donde haya poca cobertura.

4.2.1. Escucha la audición y comprueba las respuestas del ejercicio anterior.

[16]

4.3. Completa las frases y marca la opción correcta.

1. A Fernando Alonso se .... da bien...

○ **a.** la natación sincronizada.
○ **b.** la Fórmula 1.
○ **c.** el atletismo.

2. Una persona que tiene facilidad .... dormirse es...

○ **a.** un dormilón.
○ **b.** un corrupto.
○ **c.** un hablador.

3. Si .... hábil para el dibujo técnico, puedes...

○ **a.** sacar de quicio a alguien.
○ **b.** diseñar el alzado y la planta de un edificio.
○ **c.** clasificarte para la semifinal de baloncesto.

4. Si eres un negado .... la orientación, cuidado, puedes...

○ **a.** degustar un plato.
○ **b.** perderte.
○ **c.** sufrir una lesión.

5. Si eres capaz .... reivindicar los derechos humanos, tu lugar está en...

○ **a.** Chueca.
○ **b.** un instituto.
○ **c.** una ONG.

6. Si se te .... bien todas las asignaturas, eres un alumno/a...

○ **a.** brillante.
○ **b.** discapacitado.
○ **c.** altruista.

7. Si .... un genio para el bricolaje, todos te llamarán...

○ **a.** pato.
○ **b.** manitas.
○ **c.** catedrático.

8. Si le dices a todo el mundo que .... te da genial ligar, pero no es verdad, eres un...

○ **a.** presumido.
○ **b.** modesto.
○ **c.** fanfarrón.

4.4. Lee el texto y complétalo con las palabras del siguiente recuadro. Escribe los verbos en el tiempo que sea necesario.

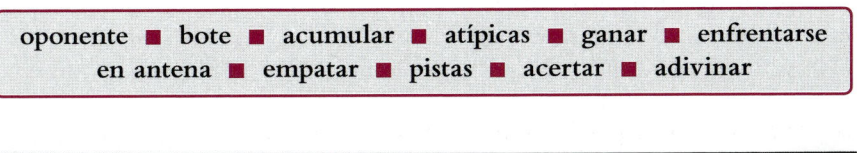

oponente ■ bote ■ acumular ■ atípicas ■ ganar ■ enfrentarse
en antena ■ empatar ■ pistas ■ acertar ■ adivinar

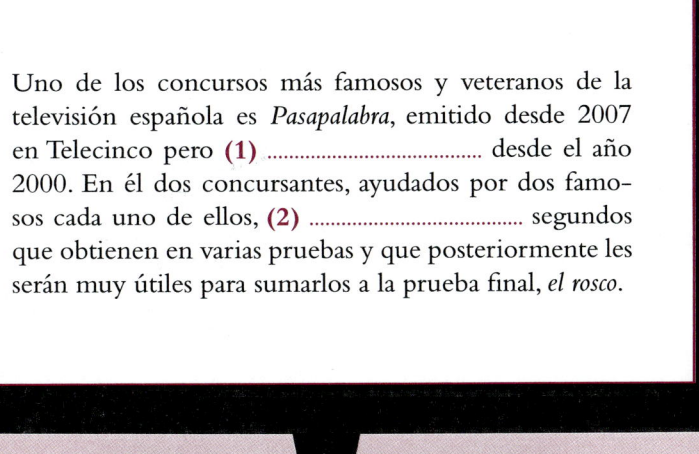

Uno de los concursos más famosos y veteranos de la televisión española es *Pasapalabra*, emitido desde 2007 en Telecinco pero **(1)** .... desde el año 2000. En él dos concursantes, ayudados por dos famosos cada uno de ellos, **(2)** .... segundos que obtienen en varias pruebas y que posteriormente les serán muy útiles para sumarlos a la prueba final, *el rosco*.

El programa consta de cinco pruebas:

• **Letra a letra:** cada equipo dispone de 90 segundos para intentar completar unos paneles que constan de cinco palabras cada uno: la primera tiene que ser **(3)** .... íntegramente por cualquiera de los componentes del equipo y las demás, se han de obtener cambiando una de las letras de la palabra anterior. En esta prueba, el número de segundos **(4)** .... es el número de palabras acertadas durante el tiempo que dura la prueba.

• **La pista:** en esta prueba los componentes de ambos equipos **(5)** .... directamente. Su objetivo es adivinar una canción mediante una serie de **(6)** .... que les da el presentador. Cada vez que el conductor del programa acaba de leer la pista, los participantes deben apretar un pulsador e intentar adivinarla. Si fallan, se cede el turno al **(7)** .... El número de segundos varía dependiendo de en qué pista han adivinado la canción.

• **Palabras cruzadas:** en un tiempo de 75 segundos, los dos equipos tienen dos columnas con nueve sílabas cada una, siendo las primeras el principio de una palabra y las últimas el final de dicha palabra. El objetivo de la prueba es relacionar las partes de las dos columnas según la definición leída por el presentador. Por cada palabra bien relacionada, el equipo gana dos segundos, siendo 18 el número máximo de segundos obtenibles en esta prueba.

• **¿Qué es qué?:** los equipos tienen tres paneles con palabras **(8)** .... y otras que son sinónimos más comunes de las anteriores. En un tiempo de 60 segundos, los componentes de ambos equipos han de relacionar las palabras comunes con las raras del panel. En esta prueba se puede conseguir un máximo de 20 segundos.

• **El rosco:** es la única prueba individual, los dos concursantes deberán **(9)** .... en un tiempo de 85 segundos más lo que hayan acumulado a lo largo del concurso cada una de las definiciones leídas por el presentador y teniendo como pista que empieza o contiene la letra del alfabeto en la que se encuentre el concursante en ese momento. Si alguno de los concursantes acierta todas las palabras, conseguirá el **(10)** .... acumulado hasta ese momento. De no ser así, el concursante que más palabras haya acertado gana 1200 euros y volverá a participar en el siguiente programa, acumulándose 6000 euros para el bote. En el caso de que los dos participantes hayan acertado el mismo número de palabras, el ganador será quien menos fallos haya cometido. Si **(11)** .... también en los errores, ambos se repartirían los 1200 euros y volverían a participar en el siguiente programa. En este concurso se concedió el mayor premio entregado en España, 2 190 000 euros.

4.5. Completa el siguiente cuestionario y marca la opción con la que te sientas más identificado/a. Utiliza la segunda persona del singular.

1. Si un amigo te .... *(pedir)* prestado dinero y .... *(saber)* que no te lo .... *(poder)* devolver...

○ **a.** .... *(prestárselo)*.
○ **b.** no .... *(prestárselo)* y .... *(poner)* una excusa.
○ **c.** directamente le .... *(decir)* que no.

2. Si .... *(tener)* que hablar delante de una audiencia numerosa...

○ **a.** .... *(ponerse)* nervioso/a.
○ **b.** .... *(sentirse)* muy cómodo/a.
○ **c.** no te .... *(importa)*.

3. Si un amigo no te .... *(invitar)* a su cumpleaños...

○ **a.** .... *(enfadarse)* con él.
○ **b.** no .... *(darle)* mucha importancia.
○ **c.** .... *(hablar)* con él y le .... *(preguntar)* por qué.

4. Si tu pareja te .... *(regalar)* un detalle un día que no es especial para vosotros...

○ **a.** .... *(pensar)* que ha hecho algo malo.
○ **b.** .... *(darle)* las gracias y un beso.
○ **c.** al día siguiente le .... *(comprar)* otra cosa.

5. Si un extraño te .... *(ofrecer)* una entrada gratis en la puerta de un museo...

○ **a.** la .... *(aceptar)*.
○ **b.** no .... *(fiarse)* y no la .... *(coger)*.
○ **c.** la .... *(aceptar)* pero .... *(pagársela)*.

4.6. Completa las siguientes frases con tu opinión.

1. Si pudiera elegir un país para trabajar, ...

2. Solo traicionaría a un amigo si ....

3. Si tuviera 10 años menos, ...

4. Si un familiar me mintiera, ...

5. Me pondría a llorar si ....

6. Si un amigo me dijera algo que me molestara, ...

7. Si tuviera mucho dinero, ...

8. Pasaría mucha vergüenza si ....

9. Comería algo que no me gusta si ....

4.7. Completa las siguientes frases con el verbo y el tiempo correspondientes.

> volver ■ pensar ■ hacer ■ ir(2) ■ gustar ■ cenar ■ ser

1. Me da lo mismo lo que tú ...., lo voy a hacer de todas formas aunque no ....

2. Como no .... los deberes, no te dejo salir con tus amigos.

3. ¿Te apetece .... al cine esta tarde conmigo o prefieres que .... al teatro?

4. ¿Te gustaría que .... esta noche juntas en el restaurante que está cerca de tu casa?

5. Creo que no .... vital que vaya a la reunión, así que me voy.

6. Cuando .... a mi país voy a continuar con mis clases de español.

> escribir ■ ponerse ■ quemarse ■ ser ■ tener ■ enfadarse ■ poder

7. Los que .... más de quince años que levanten la mano y que .... su nombre en este papel.

8. Te he comprado esta crema protectora para que no .... porque este sol es malísimo.

9. No quiero que .... conmigo por lo que te he dicho, realmente lo he hecho para ayudarte.

10. No creía que .... reírme tanto con una película. Me encantó.

11. Me gusta la gente que .... sincera y que no habla demasiado.

12. Cuando era pequeña no soportaba que mi hermana .... mi ropa, en cambio, ahora me encanta.

4.8. Completa el tablero de repaso de las Etapas 10 y 11 con las instrucciones de cada una de las casillas.

1. Completa con el tiempo correspondiente.

Lo más probable era +

....

2. ¿Qué expresión significa *ser muy caro?*

....

3. *Ojalá* + imperfecto de subjuntivo, expresa...

○ **a.** optimismo.
○ **b.** pesimismo.

6. ¿Qué verbo se usa con los sustantivos *igual, rabia, pena* para expresar sentimientos?

5. ¿Cómo se llama este objeto?

....

4. Marca la palabra que no es un material.

○ **a.** terciopelo.
○ **b.** delantal.
○ **c.** lino.

7. Marca la estructura que no se usa para expresar resignación.

○ **a.** Me fastidia.
○ **b.** ¡En fin!
○ **c.** Esto no tiene arreglo.

8. ¿Qué adjetivo define a una persona humilde, a la que no le gusta hablar de sus aspectos positivos?

....

9. ¿Qué verbo se usa seguido de los sustantivos *la pobreza* y *el hambre* y es sinónimo de *terminar con?*

....

12. ¿Qué expresión coloquial significa *tener muchísimo sueño?*

....

11.
○ **a.** Estoy harto de...
○ **b.** Sería exigible...
○ **c.** Nos resulta doloroso que...

Estas estructuras se usan para expresar ....

10. ¿Cómo se llama este objeto?

....

13. Verdadero o falso.

Para preguntar por los planes de otro podemos usar: *¿Te apetecería que* + imperfecto de subjuntivo?

14. Una persona que tiende a hablar mal de los otros es un ....

15. Para amenazar a alguien usamos *como* +

....

18. La hepatitis es una enfermedad que está relacionada con una parte del cuerpo, el

....

17. ¿Qué significa la expresión *hablar por los codos?*

....

16. Si queremos montar en la montaña rusa, debemos ir a un ....

19. ¿Qué verbo es el contrario de *engordar?*

....

20. *Haría falta que* + imperfecto de subjuntivo se usa para expresar ....

21. Define la palabra *miel.*

24. Escribe la segunda persona de singular del imperfecto de subjuntivo del verbo *sentirse.*

....

23. ¿Qué verbo polisémico significa:

○ **a.** dicho de una cosa, ser comprada por determinado precio,
○ **b.** dicho de una cosa, ocasionar dificultad?

22. Verdadero o falso. *Me saca de quicio* significa *me enfada.*